10フレーズで
楽しいフランス旅行を

　豊かな自然に豊かな文化が育まれている国、フランス。歴史遺産、田園風景、料理など、その様々な魅力が私たちを旅へと誘います。

　新たな土地との出会いは新たな人との出会い。フランス語で言葉を交わすことができたら、旅の楽しさもひと味違ってきます。人のぬくもりが心に残る素晴らしい旅になるでしょう。

　本書は10の基本フレーズから始めて、旅行の場面に対応した会話文が、各項目の「基本フレーズ」と「言い換え単語」で作れるように工夫されています。すぐに使える定番表現や単語も多数、収録しました。

　また、すべてのフランス語フレーズ、単語にカタカナ読みが添えてあります。まず、声に出してみましょう。コミュニケーションの第一歩です。

　本書を活用して、素敵な旅の思い出を作られますよう、願っております。

著者

CONTENTS

はじめに 1
本書の使い方 4

出発24時間前編 ······································ 5

フランス語の基礎知識 6
基本の10フレーズ 8
コミュニケーションに役立つ15の常用フレーズ 18
定番応答フレーズ8 19
知っておくと便利な表現 (数字／序数詞／疑問詞／時刻／時の表現／ 20
　　　　　　　　　　　時間にまつわる表現／位置／日付／暦の月／曜日)

場面別会話編

● 機内・空港編 ······································ 33

機内で (場所を聞く／乗務員に用事を頼む／機内食を頼む／飲み 34
　　　物を頼む)
到着空港で (入国審査／荷物の受け取り／紛失手荷物の窓口で／ 39
　　　　　税関審査／通貨を両替する)
空港から市内へ (交通機関の場所を聞く／タクシーの運転手に頼む) 46

● 宿泊編 ······································ 49

問い合わせ (客室のタイプ／料金を聞く／施設の有無を聞く) 50
フロントで (希望を伝える／館内施設の場所を聞く) 54
部屋で (使いたいと伝える／欲しいと伝える) 57
朝食 (朝食を注文する) 59
トラブル (故障している) 63

● 飲食編 ······································ 65

店を探す (店を探す) 66

カフェで	(飲み物を注文する／食べ物を注文する)	68
レストランで	(席のリクエストをする／メニューを頼む／飲み物を頼む／ワインについて／前菜を注文する／メインディッシュを注文する／チーズを注文する／デザートを注文する／料理の感想を言う)	70

● 買い物編 81

店を探す	(店を探す／売り場を探す)	82
洋服・雑貨などの専門店で	(服を買う／デザインについて尋ねる／生地について尋ねる／色について尋ねる／サイズについて尋ねる／かばん・靴を買う／雑貨を買う／ギフト雑貨を買う／アクセサリーを買う／化粧品を買う／文具を買う／日用品を買う／ラッピングを頼む)	84
パン屋で	(パン屋で)	101
マルシェで	(マルシェで)	102
食料品専門店で	(食料品店で／惣菜店で／ワイン専門店で／チーズ専門店で／チョコレート屋で)	105

● 観光編 111

観光案内所で	(観光名所への行き方を尋ねる／都市への行き方を尋ねる／希望を伝える)	112
乗り物を利用する	(乗り物のチケットを買う／タクシーに乗る)	119
観光スポットで	(チケットを買う／展覧会に行く／許可を得る／写真を撮る)	123

● トラブル編 131

トラブルに直面！	(助けを呼ぶ／盗難に遭ったとき／紛失したとき／連絡を頼む)	132
病院で	(発症時期を伝える／医者に言われる／薬を買う／薬の飲み方の説明)	140

すぐに使える旅単語集500 145

さくいん　　171

本書の使い方

本書は、「出発24時間前編」「場面別会話編」「すぐに使える旅単語集」の3部構成になっています。

1) 出発24時間前編

本編を始める前に、「基本の10フレーズ」を紹介します。各フレーズについて複数の例文（8文）を載せています。この例文は、「日本語→フランス語」の順でCD-1の前半に収録されていますので、音声に続いて繰り返し練習してみましょう。出発24時間前でも間に合いますが、余裕のある人は3日～1週間前から練習すると効果的でしょう。

CD-1にはほかに、「15の常用フレーズ」、「定番応答フレーズ8」、「知っておくと便利な表現」も収録されています。

2) 場面別会話編「基本フレーズ＋単語」

海外旅行のシチュエーションを「機内・空港」「宿泊」「飲食」「買い物」「観光」「トラブル」の6つに分け、各シチュエーションの基本単語を精選して収録しました。どの単語も基本フレーズと組み合わせて使えるようになっています。

> CD-1とCD-2の前半には出発24時間前編と場面別会話編の「フレーズ」「言い換え単語」「定番フレーズ」が「日本語→フランス語」の順に収録されています。

3) 巻末単語集「すぐに使える旅単語集500」

旅行でよく使う単語を巻末にまとめました。単語は旅行のシチュエーションごとに分かれているので、旅先で知りたい単語を引くのに便利です。

> CD-2の後半には巻末単語集が「日本語→フランス語→フランス語」の順に収録されています。

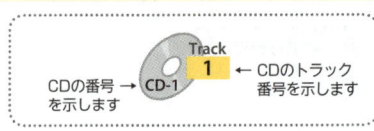

出発24時間前編
基本の10フレーズ

基本知識を定番表現とまとめてチェック！

フランス語の基礎知識

①名詞の性・数

　フランス語の名詞には文法上の性があり、すべての名詞が男性名詞か女性名詞に分けられます。

　自然の性を持つ名詞は男女の区別が文法上の性と一致します。無生物や抽象名詞なども男性名詞か女性名詞のいずれかに分類されます。

男性名詞　　　　　女性名詞
père　父　　　　　mère　母
ペール　　　　　　メール

avion　飛行機　　　valise　スーツケース
アヴィヨン　　　　ヴァリーズ

本書では、男性名詞には m 、女性名詞には f と記してあります。

　また、単数形、複数形の区別があり、複数形は単数形の語尾に s を付けるのが原則です。この s は読まれないので、発音は単数形と変わりません。

train　　　trains　電車
トゥラン　　トゥラン

本書では、通常複数で使われる名詞には、m.pl. 、f.pl. と記してあります。

②形容詞の性数変化

　形容詞は、関係する名詞や代名詞の性・数に合わせて語尾の形が変わります。

　基本の形を男性単数形とし、女性単数形は原則としてその語尾に e を付けます。複数形は名詞の場合と同じように、単数形の語尾に s を付けるのが原則です。この s はやはり読まれません。

　　　　形容詞　　grand　　大きい
　　　　　　　　　グラン

　　　　男性単数形　　grand　　　　女性単数形　　grande
　　　　　　　　　　　グラン　　　　　　　　　　　グランドゥ

　　　　男性複数形　　grands　　　　女性複数形　　grandes
　　　　　　　　　　　グラン　　　　　　　　　　　グランドゥ

基本の10フレーズ

1 〜 をお願いします。
〜, s'il vous plaît.
スィル　ヴ　プレ

レストランで料理や飲み物を注文したり、ショッピングの場面で店員さんに買いたい物を伝えたりと、さまざまな場面で使える便利なフレーズです。欲しいものの単語の後に、s'il vous plaît を付けるだけです。

言ってみましょう

オレンジジュースをお願いします。	**Un jus d'orange, s'il vous plaît.** アン ジュ ドランジュ スィル ヴ プレ
エスプレッソをお願いします。	**Un espresso, s'il vous plaît.** アン ネスプレッソ スィル ヴ プレ
魚をお願いします。	**Du poisson, s'il vous plaît.** デュ ポワッソン スィル ヴ プレ
バゲット1本お願いします。	**Une baguette, s'il vous plaît.** ユヌ バゲットゥ スィル ヴ プレ
お勘定をお願いします。	**L'addition, s'il vous plaît.** ラディスィヨン スィル ヴ プレ
チェックアウトをお願いします。	**La note, s'il vous plaît.** ラ ノットゥ スィル ヴ プレ
切符1枚お願いします。	**Un ticket, s'il vous plaît.** アン ティケ スィル ヴ プレ
8時にお願いします。	**À 8 heures, s'il vous plaît.** アユイットゥール スィル ヴ プレ

基本の10フレーズ

 〜が欲しいのですが。
Je voudrais 〜.
ジュ　　　ヴドゥレ

自分が欲しいものを相手にやんわり伝える表現です。Je voudrais の後に、欲しいものを付けます。

🗣 言ってみましょう

水が欲しいのですが。	**Je voudrais de l'eau.** ジュ　ヴドゥレ　ドゥ　ロ
メニューが欲しいのですが。	**Je voudrais la carte.** ジュ　ヴドゥレ　ラ キャルトゥ
ワインメニューが欲しいのですが。	**Je voudrais la carte des vins.** ジュ　ヴドゥレ　ラ キャルトゥ　デ　ヴァン
領収書が欲しいのですが。	**Je voudrais un reçu.** ジュ　ヴドゥレ　アン ルスュ
ツインの部屋が欲しいのですが。	**Je voudrais une chambre à deux lits.** ジュ　ヴドゥレ　ユヌ　シャンブル　ア　ドゥ　リ
新しいタオルが欲しいのですが。	**Je voudrais une nouvelle serviette.** ジュ　ヴドゥレ　ユヌ　ヌーヴェル セルヴィエットゥ
地下鉄路線図が欲しいのですが。	**Je voudrais un plan de métro.** ジュ　ヴドゥレ　アン プラン　ドゥ　メトゥロ
Sサイズが欲しいのですが。	**Je voudrais la taille S.** ジュ　ヴドゥレ　ラ　タイユ エス

3 〜したいのですが。
Je voudrais 〜.
ジュ　ヴドゥレ

自分がしたいことを相手にやんわり伝えたいときに使う表現です。Je voudrais の後に、自分のしたいことを付けます。

😊 言ってみましょう

オペラ座に行きたいのですが。	**Je voudrais aller à l'Opéra.** ジュ　ヴドゥレ　アレ　ア　ロペラ
テーブルの予約をしたいのですが。	**Je voudrais réserver une table.** ジュ　ヴドゥレ　レゼルヴェ　ユヌ　ターブル
予約の取り消しをしたいのですが。	**Je voudrais annuler ma réservation.** ジュ　ヴドゥレ　アニュレ　マ　レゼルヴァスィヨン
日本へ電話をかけたいのですが。	**Je voudrais téléphoner au Japon.** ジュ　ヴドゥレ　テレフォネ　オ　ジャポン
伝言を残したいのですが。	**Je voudrais laisser un message.** ジュ　ヴドゥレ　レッセ　アン　メッサージュ
インターネットをしたいのですが。	**Je voudrais faire de l'Internet.** ジュ　ヴドゥレ　フェール　ドゥ　ランテルネットゥ
円をユーロに両替したいのですが。	**Je voudrais changer des yens contre des euros.** ジュ　ヴドゥレ　シャンジェ　デ　イェン　コントゥル　デ　ズーロ
写真を撮りたいのですが。	**Je voudrais prendre des photos.** ジュ　ヴドゥレ　プランドゥル　デ　フォト

基本の10フレーズ

～してくださいますか。
Vous pouvez ～ ?
ヴ　　　プヴェ

相手に何かして欲しいときに使う表現です。Vous pouvez の後に、して欲しいことを付け加えます。

😊 言ってみましょう

手伝ってくださいますか。	**Vous pouvez m'aider ?** ヴ　プヴェ　メデ
少し待ってくださいますか。	**Vous pouvez attendre un peu ?** ヴ　プヴェ　アタンドゥル　アン　プ
貴重品を預かってくださいますか。	**Vous pouvez garder les objets de valeur ?** ヴ　プヴェ　ギャルデ　レ　ゾブジェドゥヴァルール
部屋に付けてくださいますか。 (ホテルでの食事の支払いなど)	**Vous pouvez mettre cela sur ma note ?** ヴ　プヴェ　メットゥル　スラ　スュール　マ　ノットゥ
タクシーを呼んでくださいますか。	**Vous pouvez appeler un taxi ?** ヴ　プヴェ　アプレ　アンタクスィ
住所を書いてくださいますか。	**Vous pouvez écrire l'adresse ?** ヴ　プヴェ　エクリール　ラドゥレス
道を教えてくださいますか。	**Vous pouvez m'indiquer le chemin ?** ヴ　プヴェ　マンディケ　ル　シュマン
私の写真を撮ってくださいますか。	**Vous pouvez me prendre en photo ?** ヴ　プヴェ　ム　プランドゥル　アン　フォト

5 〜が（この近くに）ありますか。
Il y a 〜 (près d'ici) ?
イリヤ　　　（プレ　ディスィ）

施設や設備を探しているときに使える表現です。
Près d'ici「この近くに」dans cet hôtel「このホテルに」など、場所を添えます。

🙂 言ってみましょう

Track CD-1 8

郵便局がありますか。	**Il y a un bureau de poste (près d'ici) ?** イリヤアン　ビュロ　ドゥ ポストゥ（プレ ディスィ）
銀行がありますか。	**Il y a une banque ?** イリヤ ユヌ　バンク
警察署がありますか。	**Il y a un commissariat ?** イリヤ アン　　コミッサリヤ
タバコ屋がありますか。	**Il y a un tabac ?** イリヤ アン　タバ
地下鉄の駅がありますか。	**Il y a une station de métro ?** イリヤ ユヌ スタスィヨン ドゥ メトゥロ
バス停がありますか。	**Il y a un arrêt de bus ?** イリヤ アン　ナレ　ドゥ ビュス
タクシー乗り場がありますか。	**Il y a une station de taxis ?** イリヤ ユヌ スタスィヨン ドゥ タクスィ
お手洗いがありますか。	**Il y a des toilettes ?** イリヤ デ　トワレットゥ

基本の10フレーズ

 ～はありますか。
Vous avez ～ ?
ヴ　　　　ザヴェ

> お店などで、自分の欲しい物がおいてあるかどうかを聞くときに便利な表現です。

😊 言ってみましょう

絵葉書はありますか。	**Vous avez des cartes postales ?** ヴ　ザヴェ　デ　キャルトゥ　ポスタル
切手はありますか。	**Vous avez des timbres ?** ヴ　ザヴェ　デ　タンブル
町の地図はありますか。	**Vous avez un plan de la ville ?** ヴ　ザヴェ　アン　プラン　ドゥ　ラ　ヴィル
もっと大きいサイズはありますか。	**Vous avez la taille au-dessus ?** ヴ　ザヴェ　ラ　タイユ　オ　ドゥスュ
もっと小さいサイズはありますか。	**Vous avez la taille en dessous ?** ヴ　ザヴェ　ラ　タイユ　アン　ドゥス
フランボワーズはありますか。	**Vous avez des framboises ?** ヴ　ザヴェ　デ　フランボワーズ
クロワッサンはありますか。	**Vous avez des croissants ?** ヴ　ザヴェ　デ　クロワッサン
キッシュはありますか。	**Vous avez des quiches ?** ヴ　ザヴェ　デ　キッシュ

これは 〜 ですか。
C'est 〜 ?
セ

目の前のものについて聞く時の簡単表現です。洋服や靴のサイズを確認したり、素材や品質を聞いたりと、使い方はいろいろです。評価を聞く時にも使える表現です。

😊 言ってみましょう

これは土地のものですか。	**C'est un produit de la région ?** セ タン プロデュイ ドゥ ラ レジヨン
これはシルクですか。	**C'est en soie ?** セ タン ソワ
これはSサイズですか。	**C'est la taille S ?** セ ラ タイユ エス
これは牛肉ですか。	**C'est du bœuf ?** セ デュ ブフ
これはおいしいですか。	**C'est bon ?** セ ボン
これは甘いですか。	**C'est sucré ?** セ スュクレ
これは流行っていますか。	**C'est à la mode ?** セ タ ラ モードゥ
これは何ですか。	**Qu'est-ce que c'est ?** ケ ス ク セ

基本の10フレーズ

8 〜してもいいですか。
Je peux 〜 ?
ジュ　プ

相手に許可を求める表現です。Je peux の後に動詞を続けます。

言ってみましょう

Track 11 CD-1

煙草を吸ってもいいですか。	**Je peux fumer ?** ジュ プ フュメ
入ってもいいですか。	**Je peux entrer ?** ジュ プ アントゥレ
見てもいいですか。	**Je peux regarder ?** ジュ プ ルギャルデ
試着してもいいですか。	**Je peux l'essayer ?** ジュ プ レッセイエ
写真を撮ってもいいですか。	**Je peux prendre des photos ?** ジュ プ プランドゥル デ フォト
荷物を置いておいてもいいですか。	**Je peux laisser les bagages ?** ジュ プ レッセ レ バガージュ
ここに座ってもいいですか。	**Je peux m'asseoir ici ?** ジュ プ マッソワール イスィ
電話をしてもいいですか。	**Je peux téléphoner ?** ジュ プ テレフォネ

～はどこですか。
Où est ～ ?　Où sont ～ ?
ウ　エ　　　　　ウ　　ソン

場所を聞くときの簡単表現です。Où est の次に、聞きたい施設や建物、売り場などを表す単語を付け加えるだけです。複数のものを聞くときには、Où sont ～ ? を使います。

😀 言ってみましょう

入り口はどこですか。　　　　Où est l'entrée ?
　　　　　　　　　　　　　ウ　エ　　ラントゥレ

出口はどこですか。　　　　　Où est la sortie ?
　　　　　　　　　　　　　ウ　エ　ラ　ソルティ

私の座席はどこですか。　　　Où est ma place ?
　　　　　　　　　　　　　ウ　エ　マ　　プラス

お手洗いはどこですか。　　　Où sont les toilettes ?
　　　　　　　　　　　　　ウ　ソン　レ　トワレットゥ

サン・ラザール駅はどこですか。Où est la gare Saint-Lazare ?
　　　　　　　　　　　　　ウ　エ　ラ　ギャール　サン　ラザール

窓口はどこですか。　　　　　Où est le guichet ?
　　　　　　　　　　　　　ウ　エ　ル　ギシェ

エレベーターはどこですか。　Où est l'ascenseur ?
　　　　　　　　　　　　　ウ　エ　　ラッサンスール

クロークはどこですか。　　　Où est le vestiaire ?
　　　　　　　　　　　　　ウ　エ　ル　ヴェスティエール

基本の10フレーズ

何時に 〜 ですか。
〜 à quelle heure ?
ア　ケ　　　ルール

事柄や行動などを何時に行うのかを尋ねるときに使う表現です。

😊 言ってみましょう

Track 13 CD-1

| 何時に開きますか。 | **Vous êtes ouvert à quelle heure ?**
ヴ　ゼットゥ ウヴェール　ア　ケ　　ルール |

何時に閉めますか。　**Vous fermez à quelle heure ?**
　　　　　　　　　　ヴ　フェルメ　ア　ケ　ルール

何時に着きますか。　**On arrive à quelle heure ?**
　　　　　　　　　　オン ナリーヴ　ア　ケ　ルール

何時に待ち合わせですか。　**On se retrouve à quelle heure ?**
　　　　　　　　　　　　　オン ス ルトゥルーヴ　ア　ケ　ルール

何時に出発ですか。　**On part à quelle heure ?**
　　　　　　　　　　オン パール　ア　ケ　ルール

何時にホテルに戻りますか。　**On retourne à l'hôtel à quelle heure ?**
　　　　　　　　　　　　　　オン ルトゥルヌ ア ロテル　ア　ケ　ルール

何時に始まりますか。　**Ça commence à quelle heure ?**
　　　　　　　　　　　サ　コマンス　ア　ケ　ルール

何時に終わりますか。　**Ça finit à quelle heure ?**
　　　　　　　　　　　サ フィニ ア　ケ　ルール

17

コミュニケーションに役立つ 15の常用フレーズ

基本の10フレーズのほかに覚えておきたい、挨拶や便利な一言です。このまま覚えて実際に使ってみましょう。

😊 覚えましょう

①こんにちは。
Bonjour.
ボンジュール

②こんばんは。
Bonsoir.
ボンソワール

③さようなら。
Au revoir.
オ ルヴォワール

④ありがとうございます。
Merci beaucoup.
メルスィ ボク

⑤すみません。
Excusez-moi.
エクスキュゼ モワ

⑥何とおっしゃいましたか。
Pardon ?
パルドン

⑦わかりません。
Je ne comprends pas.
ジュ ヌ コンプラン パ

⑧もう一度言ってもらえますか。
Vous pouvez répéter, s'il vous plaît ?
ヴ プヴェ レペテ スィル ヴ プレ

⑨ゆっくり話してもらえますか。
Vous pouvez parler plus
ヴ プヴェ パルレ プリュ
lentement, s'il vous plaît ?
ラントゥマン スィル ヴ プレ

⑩お願いします。
S'il vous plaît.
スィル ヴ プレ

⑪ちょっと待ってください。
Attendez un moment, s'il vous plaît.
アタンデ アン モマン スィル ヴ プレ

⑫いくらですか。　　　　C'est combien ?
　　　　　　　　　　　　セ　　コンビヤン

⑬いくらになりますか。　Ça fait combien ?
　　　　　　　　　　　　サ　フェ　コンビヤン

⑭書いてくださいますか。Vous pouvez écrire, s'il vous plaît ?
　　　　　　　　　　　　ヴ　プヴェ　エクリール　スィル　ヴ　プレ

⑮ここですか。　　　　　C'est ici ?
　　　　　　　　　　　　セ　ティスィ

定番応答フレーズ8

返事や応答でよく使う基本的なフレーズです。

覚えましょう

①はい。　　　　　　　Oui.
　　　　　　　　　　　ウィ

②いいえ。　　　　　　Non.
　　　　　　　　　　　ノン

③いいえ、(〜です)。　Si.
　　　　　　　　　　　スィ

④大丈夫です。　　　　Ça va.
　　　　　　　　　　　サ　ヴァ

⑤いいですよ。　　　　D'accord.
　　　　　　　　　　　ダコール

⑥いいえ、結構です。　Non, merci.
　　　　　　　　　　　ノン　メルスィ

⑦はい、その通りです。Oui, c'est ça.
　　　　　　　　　　　ウィ　セ　サ

⑧どういたしまして。　Je vous en prie.
　　　　　　　　　　　ジュ　ヴ　ザン　プリ

知っておくと便利な表現

① 数字

Track 16 CD-1

数字は、買い物で値段を聞いたり、また、乗り物の時刻を確認したりなど、旅行で出番の多いものです。

0	zéro	ゼロ
1	un / une	アン　ユヌ
2	deux	ドゥ
3	trois	トゥロワ
4	quatre	キャトゥル
5	cinq	サンク
6	six	スィス
7	sept	セットゥ
8	huit	ユイットゥ
9	neuf	ヌフ
10	dix	ディス
11	onze	オーンズ
12	douze	ドゥーズ
13	treize	トゥレーズ
14	quatorze	キャトルズ
15	quinze	キャーンズ
16	seize	セーズ
17	dix-sept	ディ　セットゥ
18	dix-huit	ディズユイットゥ
19	dix-neuf	ディズ　ヌフ
20	vingt	ヴァン

知っておくと便利な表現

21	vingt et un / vingt et une ヴァン テ アン　ヴァン テ ユヌ	200	deux cents ドゥ　サン
22	vingt-deux ヴァントゥ ドゥ	1000	mille ミル
30	trente トゥラントゥ	2000	deux mille ドゥ　ミル
40	quarante キャラントゥ	10000	dix mille ディ ミル
50	cinquante サンカントゥ	20000	vingt mille ヴァン ミル
60	soixante ソワサントゥ	100000	cent mille サン　ミル
70	soixante-dix ソワサントゥ ディス	1000000	un million アン ミリヨン
71	soixante et onze ソワサン　テ オーンズ		
72	soixante-douze ソワサントゥ ドゥーズ		
80	quatre-vingts キャトゥル ヴァン		
81	quatre-vingt-un / quatre-vingt-une キャトゥル ヴァン アン　キャトゥル ヴァン ユヌ		
90	quatre-vingt-dix キャトゥル ヴァン ディス		
100	cent サン		

② 序数詞

建物の階数を言ったり、座席の列数を言ったりするときに「〜番目の」を表す序数詞を使います。

1番目の、最初の	premier / première プルミエ　　プルミエール
2番目の	deuxième (second / seconde) ドゥズィエム　（スゴン　スゴンドゥ）
3番目の	troisième トゥロワズィエム
4番目の	quatrième キャトゥリエム
5番目の	cinquième サンキエム
6番目の	sixième スィズィエム
7番目の	septième セッティエム
8番目の	huitième ユイッティエム
9番目の	neuvième ヌヴィエム
10番目の	dixième ディズィエム
11番目の	onzième オンズィエム
20番目の	vingtième ヴァンティエム
21番目の	vingt et unième ヴァン　テ　ユニエム

知っておくと便利な表現

③ 疑問詞

Qu'est-ce que（何）
ケ スク

　　何を探していますか。　　　Qu'est-ce que vous cherchez ?
　　　　　　　　　　　　　　　ケ ス ク ヴ シェルシェ

Où（どこ）
ウ

　　試着室はどこですか。　　　Où est la cabine d'essayage ?
　　　　　　　　　　　　　　　ウ エ ラ キャビヌ デッセイヤージュ

Qui（誰）
キ

　　誰を待っていますか。　　　Qui attendez-vous ?
　　　　　　　　　　　　　　　キ アタンデ ヴ

Quand（いつ）
カン

　　いつ戻ってきますか。　　　Quand reviendrez-vous ?
　　　　　　　　　　　　　　　カン ルヴィヤンドゥレ ヴ

Comment（どのように）
コマン

　　どのように旅行しますか。　Comment voyagez-vous ?
　　　　　　　　　　　　　　　コマン ヴォワイヤジェ ヴ

Pourquoi（なぜ）
プルコワ

　　なぜ店は閉まっているのですか。　Pourquoi le magasin est fermé ?
　　　　　　　　　　　　　　　プルコワ ル マガザン エ フェルメ

Combien (de)（いくつ、どれだけ）
コンビヤン（ドゥ）

　　いくらですか。　　　　　　C'est combien ?
　　　　　　　　　　　　　　　セ コンビヤン

　　パリに何日滞在しますか。　Vous restez à Paris combien de jours ?
　　　　　　　　　　　　　　　ヴ レステ ア パリ コンビヤン ドゥ ジュール

23

④ 時刻

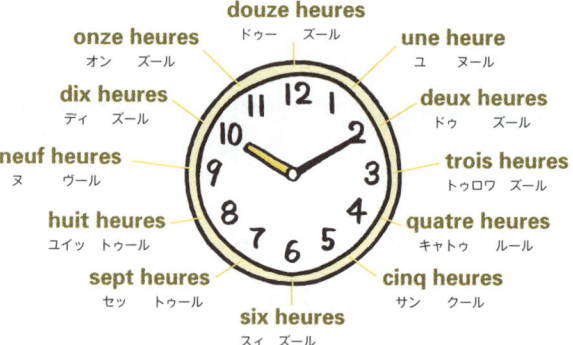

1時10分	une heure dix ユ　ヌール　ディス
1時30分	une heure trente ユ　ヌール　トゥラントゥ
1時45分	une heure quarante-cinq ユ　ヌール　キャラントゥ　サンク
1時50分	une heure cinquante ユ　ヌール　サンカントゥ
今、何時ですか。	Quelle heure est-il ? ケ　ルール　エティル
9時20分です。	Il est neuf heures vingt. イ　レ　ヌ　ヴール　ヴァン
午前8時	huit heures du matin ユイッ　トゥール　デュ　マタン
午後1時	une heure de l'après-midi ユ　ヌール　ドゥ　ラプレ　ミディ
午後8時	huit heures du soir ユイッ　トゥール　デュ　ソワール

12時間制では、特別な言い方をする場合があります。

〜時15分	〜 heure(s) et quart ウール　エ キャール
〜時半	〜 heure(s) et demie ウール　エ ドゥミ
〜時…分前	〜 heure(s) moins … ウール　モワン
〜時15分前	〜 heure(s) moins le quart ウール　モワン ル キャール
正午	midi ミディ
午前０時	minuit ミニュイ

24時間制では、特別な言い方はしません。分を示す数字をそのまま使います。

13時15分	treize heures quinze トゥレー　ズール　キャーンズ
13時30分	treize heures trente トゥレー　ズール　トゥラントゥ
13時45分	treize heures quarante-cinq トゥレー　ズール　キャラントゥ サンク

⑤ 時の表現

1）朝・昼・夜

朝（午前）	le matin ル マタン
昼	midi ミディ
午後	l'après-midi ラプレ ミディ
夕方・晩	le soir ル ソワール
夜	la nuit ラ ニュイ

2）季節

春	le printemps ル プランタン
夏	l'été レテ
秋	l'automne ロトンヌ
冬	l'hiver リヴェール

⑥ 時間にまつわる表現

1分	une minute ユヌ ミニュットゥ
4分の1時間（15分）	un quart d'heure アン キャール ドゥール
半時間（30分）	une demi-heure ユヌ ドゥミ ウール
1時間	une heure ユ ヌール
1時間半	une heure et demie ユ ヌール エ ドゥミ
1日	un jour アン ジュール
1週間	une semaine ユヌ スメーヌ
1ヶ月	un mois アン モワ
1年	un an アンナン
早い	tôt ト
遅い	tard タール

⑦ 位置

前	**devant** ドゥヴァン
後ろ	**derrière** デリエール
右	**à droite** ア ドゥロワットゥ
左	**à gauche** ア ゴーシュ
上	**en haut** アン オ
下	**en bas** アン バ
中	**à l'intérieur** ア ランテリウール
外	**à l'extérieur** ア レクステリウール

知っておくと便利な表現

⑧ 日付

フランス語で、年月日を表す時は、日、月、年の順になります。
日付は1日だけ序数詞を使い、2日以降は基本の数詞を使います。日の前に le を付けます。

1月1日	le premier janvier ル プルミエ ジャンヴィエ
1月2日	le deux janvier ル ドゥ ジャンヴィエ

年号の読み方は数詞の読み方と同じです。

2013年の読み方

2013	deux mille treize ドゥ ミル トゥレーズ
2013年1月1日	le premier janvier deux mille treize ル プルミエ ジャンヴィエ ドゥ ミル トゥレーズ

⑨ 暦の月

1月	janvier ジャンヴィエ
2月	février フェヴリエ
3月	mars マルス
4月	avril アヴリル
5月	mai メ
6月	juin ジュアン
7月	juillet ジュイエ
8月	août ウットゥ
9月	septembre セプターンブル
10月	octobre オクトーブル
11月	novembre ノヴァーンブル
12月	décembre デサーンブル

知っておくと便利な表現

⑩ 曜日

月曜日	lundi ランディ
火曜日	mardi マルディ
水曜日	mercredi メルクルディ
木曜日	jeudi ジュディ
金曜日	vendredi ヴァンドゥルディ
土曜日	samedi サムディ
日曜日	dimanche ディマンシュ

フランスでは、月曜日が週の始まりです。

⑪ その他の時の表現

今	maintenant マントゥナン
今日	aujourd'hui オージュルデュイ
昨日	hier イエール
明日	demain ドゥマン
今週	cette semaine セットゥ スメーヌ
先週	la semaine dernière ラ スメーヌ デルニエール
来週	la semaine prochaine ラ スメーヌ プロシェーヌ
今月	ce mois-ci ス モワ スィ
今年	cette année セッ タネ
去年	l'année dernière ラネ デルニエール
来年	l'année prochaine ラネ プロシェーヌ
～前	il y a ～　　10年前　il y a dix ans イリヤ　　　　　　　イリヤ ディ ザン
～後	dans ～　　10年後　dans dix ans ダン　　　　　　　　ダン ディ ザン

機内・空港編

　フランスの旅の始まりは機内でのコミュニケーションから。飲み物の注文などをフランス語でしてみましょう。心は早くもフランスの地に飛んで行きますね。

機内で

場所を聞く

1 （搭乗券を見せながら）この席はどこですか。

Où est ce siège ?
ウ　エ　ス　スィエージュ

言い換え

お手洗い : **les toilettes** （Où est が Où sont となります）
　　　　　レ　トワレットゥ　　ウ　エ　ウ　ソン

非常口 : **la sortie de secours**
　　　　ラ　ソルティ　ドゥ　スクール

乗務員に用事を頼む

2 毛布をいただけますか。

Je peux avoir une couverture, s'il vous plaît ?
ジュ　プ　アヴォワール　ユヌ　クヴェルテュール　スィル　ヴ　プレ

言い換え

日本の新聞 : **un journal japonais**
　　　　　　アン　ジュルナル　　ジャポネ

日本の雑誌 : **un magazine japonais**
　　　　　　アン　マガズィーヌ　　ジャポネ

枕 : **un oreiller**
　　アン　ノレイエ

イヤホン : **des écouteurs**
　　　　　デ　ゼクトゥール

税関申告書 : **une carte de déclaration douanière**
　　　　　　ユヌ　キャルトゥ　ドゥ　デクララスィヨン　ドゥアニエール

❊入国カードと税関申告書について❊

　フランスの入国カードは2007年に廃止されました。税関申告書についても、所定の金額又は数量を超える現金、たばこ又は酒類等を所持している場合を除き、原則として必要ありません。

機内で

機内・空港編

機内食を頼む

3 魚をお願いします。

Je voudrais le poisson.
ジュ　ヴドゥレ　ル　ポワッソン

言い換え

牛肉	**le bœuf** ル　ブフ
鶏肉	**le poulet** ル　プレ
豚肉	**le porc** ル　ポール
和食	**le plat japonais** ル　プラ　ジャポネ
パスタ	**les pâtes** レ　パットゥ
パン	**du pain** デュ　パン
特別食	**un repas spécial** アン　ルパ　スペスィャル
子ども向け機内食	**un plateau enfant** アン　プラト　アンファン

❄ **機内食について** ❄

　航空会社では、健康上の理由等で通常の機内食が食べられない乗客の為に、特別食を用意しています。ベジタリアン食（repas végétarien ヴェジタリヤン）、低カロリー食（repas diététique ルパ ディエテティック）、減塩食（repas à faible teneur en sel トゥヌール アン セル）、無グルテン食（repas sans gluten ルパ サン グリュテン）などがありますが、このような特別食は通常、48時間前までの事前予約が必要です。

[飲み物を頼む]

4 赤ワインをください。
Du vin rouge, s'il vous plaît.
デュ ヴァン ルージュ スィル ヴ プレ

言い換え

白ワイン	du vin blanc デュ ヴァン ブラン
ビール	de la bière ドゥ ラ ビエール
シャンパン	du champagne デュ シャンバーニュ
オレンジジュース	du jus d'orange デュ ジュ ドランジュ
コーヒー	du café デュ キャフェ
紅茶	du thé noir デュ テ ノワール
緑茶	du thé vert デュ テ ヴェール
コーラ	du coca デュ コカ
ミネラルウォーター	de l'eau minérale ドゥ ロ ミネラル
トマトジュース	du jus de tomate デュ ジュ ドゥ トマットゥ
もう一杯	encore un verre アンコール アン ヴェール

機内で

機内で使う定番フレーズ

席を替えることはできますか。	C'est possible de changer de place ?
荷物入れにもう場所がありません。	Il n'y a plus de place dans le coffre.
寒いです。	J'ai froid.
毛布をもう一枚下さい。	Je voudrais une autre couverture.
枕をもうひとつ下さい。	Je voudrais un autre oreiller.
気分が良くないのですが。	Je ne me sens pas bien.
頭が痛いです。	J'ai mal à la tête.
スクリーンの調子が悪いです。	L'écran est cassé.
ヘッドフォンの調子が悪いです。	Le casque ne marche pas très bien.
読書灯の調子が悪いです。	La lampe de lecture ne marche pas très bien.
リモコンの調子が悪いです。	La télécommande ne marche pas très bien.
ワインをこぼしてしまいました。	J'ai renversé du vin.
どうしてもお手洗いに行きたいのですが。	J'ai besoin d'aller aux toilettes.
座席を倒してもいいですか。	Est-ce que je peux incliner mon siège ?
すみません（通していただけますか）。	Excusez-moi.

機内の単語

荷物棚
compartiment à bagages m
コンパルティマン ア バガージュ

読書灯
lampe de lecture f
ランプ ドゥ レクテュール

ブラインド
persienne f
ペルスィエンヌ

窓側座席
siège côté fenêtre m
スィエージュ コテ フネートゥル

背もたれ
dos du siège m
ド デュ スィエージュ

通路側座席
siège côté couloir m
スィエージュ コテ クロワール

フットレスト
repose-pied m
ルポーズ ピエ

救命胴衣
gilet de sauvetage m
ジレ ドゥ ソヴタージュ

テーブル
tablette f
タブレットゥ

シートベルト
ceinture de sécurité f
サンテュール ドゥ セキュリテ

到着空港で

[入国審査]

1 観光のためです。（入国目的を問われたときの答え）

C'est pour faire du tourisme.
セ プール フェール デュ トゥリスム

言い換え

仕事の	mon travail モン トゥラヴァイユ
留学の	mes études メ ゼテュッドゥ
友人に会う	voir des ami(e)s ヴォワール デ ザミ

2 1週間です。（滞在期間を問われたときの答え）

Une semaine.
ユヌ スメーヌ

言い換え

3日間	trois jours トゥロワ ジュール
10日間	dix jours ディ ジュール
2週間	deux semaines ドゥ スメーヌ
ひと月	un mois アン モワ
ふた月	deux mois ドゥ モワ

3 コンコルドホテルです。（滞在先を問われたときの答え）
L'hôtel Concorde.
ロテル　　　コンコルドゥ

言い換え

マロニエホテル	**l'hôtel des Marronniers** ロテル　デ　マロニエ
大学の寮	**la résidence universitaire** ラ　レズィダンス　ユニヴェルスィテール
友人の家	**chez des ami(e)s** シェ　デ　ザミ
親戚の家	**chez des parents** シェ　デ　パラン

4 私は公務員です。（職業を問われたときの答え）
Je suis fonctionnaire.
ジュ　スュイ　　　フォンクスィヨネール

言い換え

会社員	**employé(e)** アンプロワイエ
コンピューター技師	**informaticien/informaticienne** アンフォルマティスィヤン　アンフォルマティスィエンヌ
学生	**étudiant(e)** エテュディヤン(トゥ)
医者	**médecin** メドゥサン
専業主婦	**femme au foyer** ファム　オ　フォワイエ
教師	**professeur** プロフェッスール
定年退職者	**retraité(e)** ルトゥレテ
無職	**sans travail** サン　トゥラヴァイユ

到着空港で

機内・空港編　宿泊編　飲食編　買い物編　観光編　トラブル編　旅単語集

荷物の受け取り

5 荷物受取所はどこですか。
Où est le service bagages ?
ウ　エ　ル　セルヴィス　バガージュ

言い換え

AF275便のターンテーブル	: le tapis bagages pour le vol AF 275 ル　タピ　バガージュ　プール　ル　ヴォル アエフ ドゥサンソワサントゥキャーンズ
紛失手荷物の窓口	: le service des bagages perdus ル　セルヴィス　デ　バガージュ　ペルデュ
カート	: les chariots （Où estがOù sontとなります） レ　シャリオ　ウ　エ　ウ ソン

❉手荷物が見つからなかったら❉

　出発空港で預けた手荷物がターンテーブルから出てこなかった場合には、紛失手荷物の窓口に行って手続きをします。手荷物の預かり証（reçu de bagage）を提示し、色、形、サイズなどを具体的に説明しましょう。そして、手荷物が空港に到着次第、連絡をもらえるように、ホテル名など滞在先を伝えておきます。荷物が手許に届くまで日数がかかることがあります。着替えや日常の必需品は、機内持ち込みの荷物に入れておくと安心です。
ルスュ　ドゥ　バガージュ

41

紛失手荷物の窓口で

6 黒いスーツケースです。
C'est une valise noire.
セ テュヌ ヴァリーズ ノワール

言い換え

青色の	bleue ブル
シルバーの	argent アルジャン
赤い	rouge ルージュ
大きい	grande グランドゥ
中くらいの	moyenne モワイエンヌ
小さい	petite プティットゥ
革製の	en cuir アン キュイール
布製の	en toile アン トワル
ハードケースの	rigide リジッドゥ

到着空港で

[税関審査]

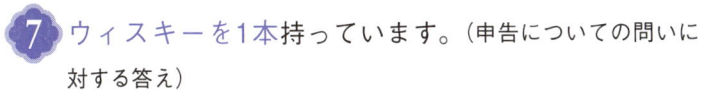

7 ウィスキーを1本持っています。（申告についての問いに対する答え）

J'ai une bouteille de whisky.
ジェ ユヌ ブテイユ ドゥ ウィスキ

言い換え

タバコ1カートン	une cartouche de cigarettes
	ユヌ キャルトゥーシュ ドゥ スィガレットゥ
ワイン2本	deux bouteilles de vin
	ドゥ ブテイユ ドゥ ヴァン
日本酒1本	une bouteille de saké
	ユヌ ブテイユ ドゥ サケ
50万円	cinq cent mille yens
	サン サン ミル イェン

8 身の回りのものです。（持ち物についての問いに対する答え）

Ce sont des affaires personnelles.
ス ソン デ ザフェール ペルソネル

言い換え

友達へのお土産	des cadeaux pour mes ami(e)s
	デ キャド プール メ ザミ
日本のお菓子	des gâteaux japonais
	デ ギャト ジャポネ
常備薬	des médicaments courants
	デ メディカマン クラン
化粧品	des produits de beauté
	デ プロデュイ ドゥ ボテ

[通貨を両替する]

9 両替所はどこですか。

Où est le bureau de change ?
ウ　エ　ル　　ビュロ　　ドゥ　　シャンジュ

言い換え
- 銀行　　la banque
　　　　　ラ　バンク

10 ユーロに換えてください。

Je voudrais avoir des euros.
ジュ　　ヴドゥレ　　アヴォワール　　デ　　ズーロ

言い換え
- 日本円　des yens
　　　　　デ　イェン
- ポンド　des livres
　　　　　デ　リーヴル
- 現金　　des espèces
　　　　　デ　ゼスペス

11 領収書をください。

Je voudrais un reçu.
ジュ　　ヴドゥレ　　アン　ルスュ

言い換え
- 小銭　　　　de la monnaie
　　　　　　　ドゥ ラ　モネ
- 10ユーロ札　des billets de dix euros
　　　　　　　デ　ビエ　ドゥ ディ　ズーロ

到着空港で

空港の単語

Track CD-1 35

乗り継ぎ
correspondance **f**
コレスポンダンス

ターンテーブル
tapis bagages **m**
タピ　バガージュ

スーツケース
valise **f**
ヴァリーズ

入国審査
contrôle de passeport **m**
コントゥロル　ドゥ　パスポール

パスポート
passeport **m**
パスポール

案内所
informations **f.pl.**
アンフォルマスィヨン

税関
douane **f**
ドゥアンヌ

チェックインカウンター
comptoir d'enregistrement **m**
コントワール　ダンルジストゥルマン

カート
chariot **m**
シャリオ

両替所
bureau de change **m**
ビュロ　ドゥ　シャンジュ

機内・空港編　宿泊編　飲食編　買い物編　観光編　トラブル編　旅単語集

空港から市内へ

交通機関の場所を聞く

1 タクシー乗り場はどこですか。

Où est la station de taxis ?
ウ　エ　ラ　スタスィヨン　ドゥ　タクスィ

言い換え

バス乗り場	l'arrêt de bus ラレ　ドゥ　ビュス
シャトルバス乗り場	l'arrêt des navettes ラレ　デ　ナヴェットゥ
RER	la gare du RER ラ　ギャール　デュ　エールウエール
レンタカーのカウンター	l'agence de location de voitures ラジャンス　ドゥ　ロカスィヨン　ドゥ　ヴォワテュール

2 エトワール行きのバスはありますか。

Il y a un bus pour Étoile ?
イ　リ　ヤ　アン　ビュス　プール　エトワル

言い換え

リヨン駅	la gare de Lyon ラ　ギャール　ドゥ　リヨン
オペラ	Opéra オペラ
モンパルナス	Montparnasse モンパルナッス
オルリー空港	l'aéroport d'Orly ラエロポール　ドルリ
アンヴァリッド	les Invalides レ　ザンヴァリッドゥ

空港から市内へ

タクシーの運転手に頼む

3 トランクを開けてください。

Vous pouvez ouvrir le coffre, s'il vous plaît ?
ヴ　　プヴェ　　ウヴリール　ル　コッフル　スィル　ヴ　　プレ

言い換え

もっとゆっくり走って	rouler plus lentement
	ルレ　プリュ　ラントゥマン
荷物を手伝って	m'aider avec les bagages
	メデ　アヴェック　レ　バガージュ
ここに行って	aller à cet endroit-là
	アレ　ア　セッ　タンドゥロワ　ラ
ここで停めて	vous arrêter là
	ヴ　ザレテ　ラ

❀パリのタクシー❀

　タクシー乗り場（青地に白い文字でTaxisと書かれた標識があるところ）まで行って乗るのが確実ですが、流しているタクシーを、手を挙げて拾うことも出来ます。屋根の上のライトが点いていたら、空車です。
ドアは手動です。自動ドアに慣れている私たちは、ドアが開くのをそのまま待っていたりして、注意されることがあります。
チップを渡す場合は、料金の15％程度が目安です。

タクシーに乗るときの定番フレーズ

いくらくらいになりますか。	**Ce sera à peu près combien ?** ス スラ ア プ プレ コンビヤン
4人乗れますか。	**On peut monter à quatre ?** オン プ モンテ ア キャトゥル
この住所に行ってください。	**À cette adresse, s'il vous plaît.** ア セッ タドゥレス スィル ヴ プレ
渋滞ですか。	**Il y a un embouteillage ?** イリヤ アン ナンブテイヤージュ
いくらですか。	**C'est combien ?** セ コンビヤン
ありがとう。おつりはとっておいてください。	**Merci. Gardez la monnaie.** メルスィ ギャルデ ラ モネ

宿泊編

　パリのホテルでは、たいてい英語が通じますが、日本語が出来るスタッフがいるホテルはほとんどありません。地方では、英語も通じないことがよくあります。このコーナーの単語やフレーズを使って、用件をフランス語で伝えましょう。

問い合わせ

客室のタイプ

1 ツインルームをお願いします。

Je voudrais une chambre à deux lits.
ジュ　ヴドゥレ　ユヌ　シャンブル　ア　ドゥ　リ

言い換え

シングルルーム	une chambre simple ユヌ　シャンブル　サンプル
ダブルルーム	une chambre double ユヌ　シャンブル　ドゥブル
トリプルルーム	une chambre triple ユヌ　シャンブル　トゥリプル
禁煙ルーム	une chambre non fumeurs ユヌ　シャンブル　ノン　フュムール
喫煙ルーム	une chambre fumeurs ユヌ　シャンブル　フュムール
町が見える部屋	une chambre avec vue sur la ville ユヌ　シャンブル　アヴェック　ヴュ　スュール ラ　ヴィル
海が見える部屋	une chambre avec vue sur la mer ユヌ　シャンブル　アヴェック　ヴュ　スュール ラ　メール
庭が見える部屋	une chambre avec vue sur le jardin ユヌ　シャンブル　アヴェック　ヴュ　スュール ル　ジャルダン
バス付きの部屋	une chambre avec salle de bains ユヌ　シャンブル　アヴェック　サル　ドゥ　バン
シャワー付きの部屋	une chambre avec douche ユヌ　シャンブル　アヴェック　ドゥーシュ
一番安い部屋	une des chambres les moins chères ユヌ　デ　シャンブル　レ　モワン　シェール

問い合わせ

料金を聞く

2 1泊あたりいくらですか。
C'est combien la nuit ?
セ　　コンビヤン　ラ　ニュイ

言い換え		
1人あたり	pour une personne プール　ユヌ　ペルソンヌ	
エキストラベッド	le lit d'appoint ル　リ　ダポワン	
朝食	le petit déjeuner ル　プティ　デジュネ	

❋朝寝坊したいときは❋

部屋のドアの内側には、通常、ドアサインのプレートが掛けられています。このプレートには「部屋を掃除してください」と「起こさないでください」のメッセージが表裏に書かれています。朝寝坊したい時は、〈Prière de ne pas déranger〉（起こさないでください）の側を表にして、
プリエール ドゥ ヌ パ デランジェ
外のドアノブに掛けておきましょう。

施設の有無を聞く

3 スパはありますか。
Il y a un spa ?
イリヤ アン スパ

言い換え

プール	**une piscine** ユヌ ピスィヌ
トレーニングジム	**une salle de gym** ユヌ サル ドゥ ジム
マッサージルーム	**un salon de massage** アン サロン ドゥ マッサージュ
エステ	**un salon de beauté** アン サロン ドゥ ボテ
サウナ	**un sauna** アン ソーナ
レストラン	**un restaurant** アン レストラン
コーヒーラウンジ	**une cafeteria** ユヌ キャフェテリヤ
バー	**un bar** アン バール
会議室	**une salle de réunion** ユヌ サル ドゥ レユニヨン

ホテルロビーの単語

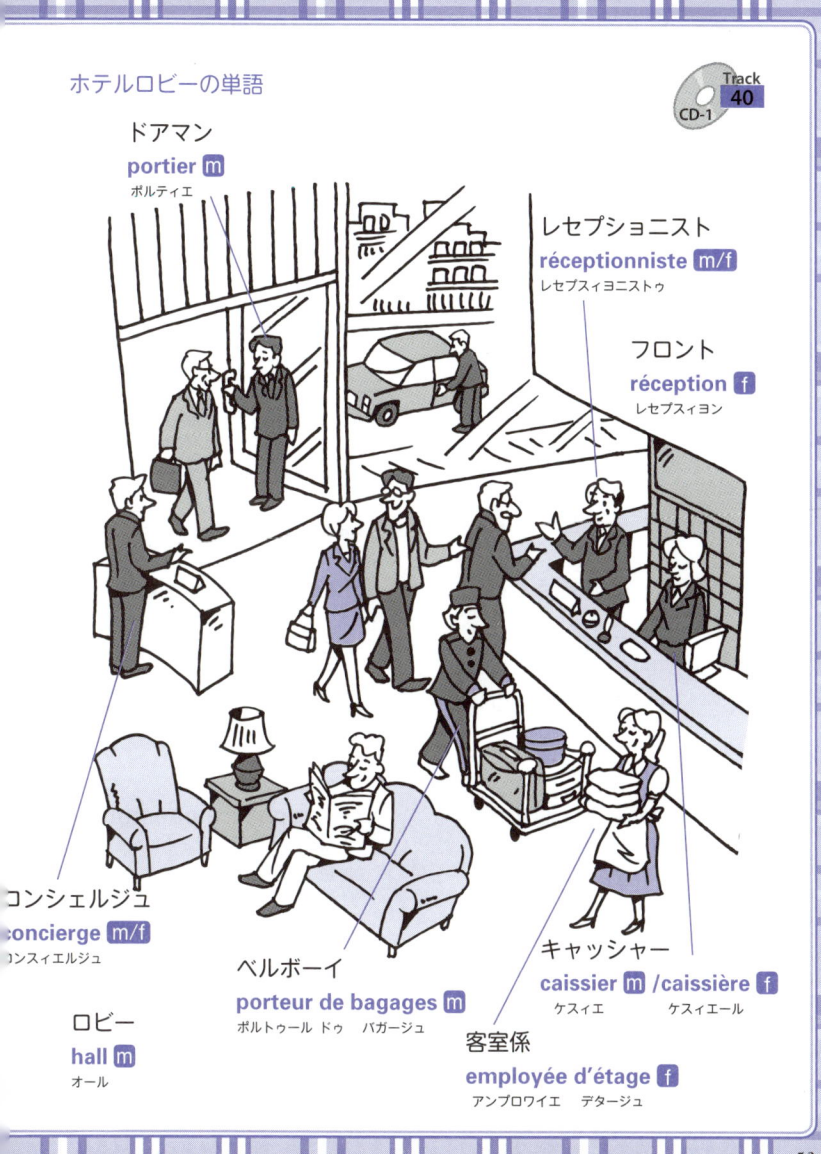

ドアマン
portier m
ポルティエ

レセプショニスト
réceptionniste m/f
レセプスィヨニストゥ

フロント
réception f
レセプスィヨン

コンシェルジュ
concierge m/f
コンスィエルジュ

ロビー
hall m
オール

ベルボーイ
porteur de bagages m
ポルトゥール ドゥ バガージュ

客室係
employée d'étage f
アンプロワイエ デタージュ

キャッシャー
caissier m /caissière f
ケスィエ　ケスィエール

フロントで

希望を伝える

1 チェックインをしたいのですが。

Je voudrais faire le check-in.
ジュ　ヴドゥレ　フェール　ル　チェック イン

言い換え

チェックアウトをする	faire le check-out フェール ル チェック アウトゥ
予約をする	réserver une chambre レゼルヴェ ユヌ シャンブル
キャンセルする	annuler ma réservation アニュレ マ レゼルヴァスィヨン
インターネットを使う	utiliser Internet ユティリゼ アンテルネットゥ
ファックスを送る	envoyer un fax アンヴォワイエ アン ファックス
部屋を替える	changer de chambre シャンジェ ドゥ シャンブル
日本に電話をする	téléphoner au Japon テレフォネ オ ジャポン
現金で支払う	régler en espèces レグレ アン ネスペス
クレジットで支払う	régler par carte レグレ パール キャルトゥ
もう1泊する	rester encore une nuit レステ アンコール ユヌ ニュイ
予定より（1日）早く発つ	partir (un jour) plus tôt que prévu パルティール (アン ジュール) プリュ ト ク プレヴュ
先程の係の人と話す	parler avec la personne パルレ アヴェック ラ ペルソンヌ que j'ai vue tout à l'heure ク ジェ ヴュ トゥ タ ルール
荷物を預ける	laisser mes bagages ici レッセ メ バガージュ イスィ

フロントで

2 鍵をください。
Je peux avoir la clé ?
ジュ プ アヴォワール ラ クレ

言い換え
- 地図 : **un plan** / アン プラン
- 領収書 : **un reçu** / アン ルスュ
- 名刺 : **une carte de visite** / ユヌ キャルトゥ ドゥ ヴィズィットゥ

3 部屋に付けてもらえますか。（ホテルでの食事の支払いなど）
Vous pouvez mettre ça sur ma note ?
ヴ プヴェ メットゥル サ スュール マ ノットゥ

- 荷物を預かって : **garder mes bagages** / ギャルデ メ バガージュ
- これを部屋まで運んで : **porter ça jusqu'à ma chambre** / ポルテ サ ジュスカ マ シャンブル
- タクシーを呼んで : **appeler un taxi** / アプレ アン タクスィ

館内設備の場所を聞く

4 レストランはどこですか。
Où est le restaurant ?
ウ　エ　ル　　レストラン

言い換え

エレベーター	**l'ascenseur** ラッサンスール
サウナ	**le sauna** ル ソーナ
バー	**le bar** ル バール
プール	**la piscine** ラ ピスィヌ
スパ	**le spa** ル スパ
ジム	**la salle de gym** ラ サル ドゥ ジム
美容室	**le salon de coiffure** ル サロン ドゥ コワフュール
会議室	**la salle de réunion** ラ サル ドゥ レユニヨン
宴会場	**la salle de banquet** ラ サル ドゥ バンケ
お手洗い	**les toilettes** レ トワレットゥ （Où est が Où sont となります）ウ エ ウ ソン

部屋で

[使いたいと伝える]

1 アイロンを使いたいのですが。

Je voudrais avoir un fer à repasser.
ジュ　　　ウドゥレ　　　アヴォワール　アン フェール ア　　　ルパッセ

ドライヤー	un sèche-cheveux アン　セッシュ　　シュヴ
体温計	un thermomètre アン　テルモメートゥル
プラグの変換アダプター	un adaptateur pour la prise アン　ナダプタトゥール　プール ラ プリーズ
湯沸かしポット	une bouilloire ユヌ　　ブィヨワール
インターネット	Internet アンテルネットゥ
無線LAN	le WIFI ル　ウィフィ

（言い換え）

欲しいと伝える

② タオルをもう一枚ください。

Je voudrais une autre serviette.
ジュ　ヴドゥレ　ユ　ノートゥル　セルヴィエットゥ

言い換え		
毛布をもう一枚	**une autre couverture** ユ　ノートゥル　クヴェルテュール
シーツをもう一枚	**un autre drap** アン　ノートゥル　ドゥラ
シャンプー	**du shampooing** デュ　シャンポワン
リンス	**de l'après-shampooing** ドゥ　ラプレ　シャンポワン
石けん	**un savon** アン　サヴォン
トイレットペーパー	**du papier toilettes** デュ　パピエ　トワレットゥ
便箋	**du papier à lettres** デュ　パピエ　ア　レットゥル
封筒	**des enveloppes** デ　ザンヴロップ

朝食

[朝食を注文する]

1 クロワッサンを2つください。
Je voudrais deux croissants.
ジュ　ヴドゥレ　ドゥ　クロワッサン

言い換え

コーヒー	**du café** デュ キャフェ
紅茶	**du thé** デュ テ
ミルク	**du lait** デュ レ
オレンジジュース	**du jus d'orange** デュ ジュ ドランジュ
ヨーグルト	**du yaourt** デュ ヤウルトゥ
シリアル	**des céréales** デ セレアル
オムレツ	**une omelette** ユ ノムレットゥ
ポーチドエッグ	**un œuf poché** アン ヌフ ポシェ
目玉焼き	**un œuf sur le plat** アン ヌフ スュール ル プラ
ゆで卵	**un œuf dur** アン ヌフ デュール

ホテルの部屋の単語

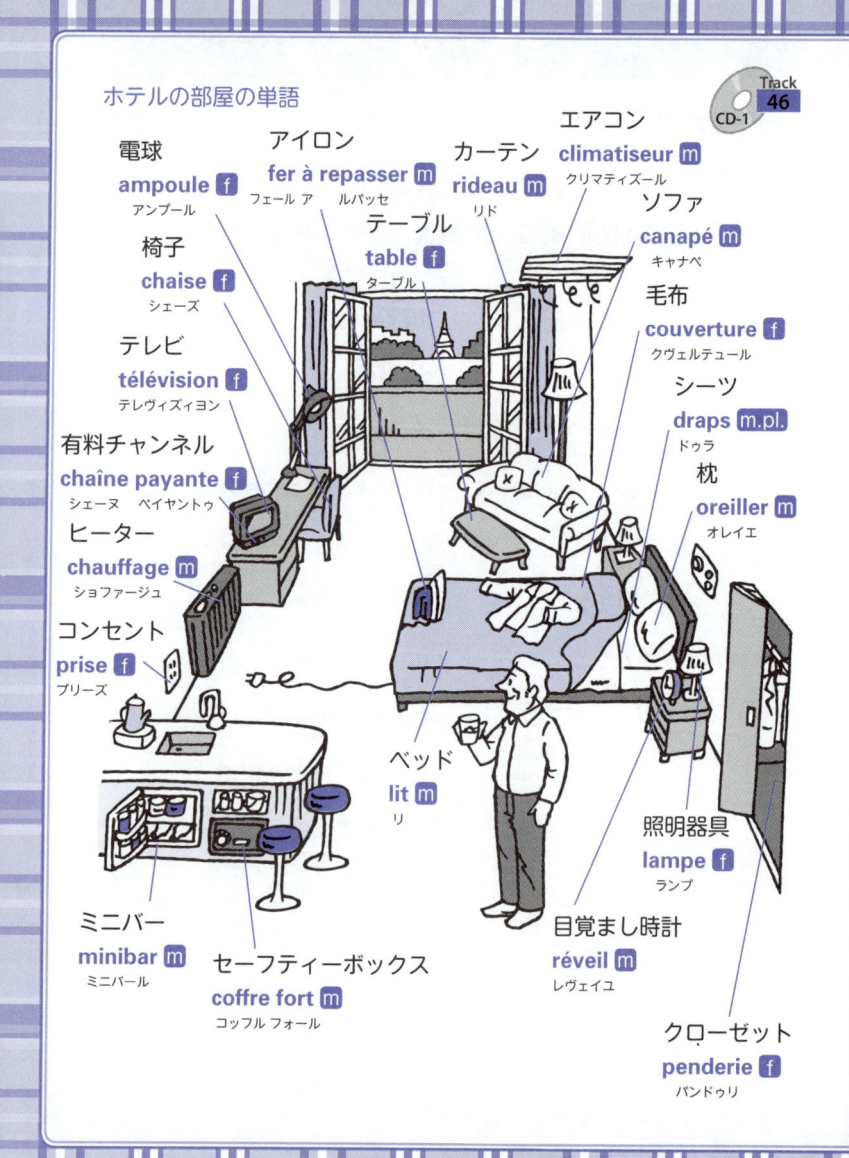

Track CD-1 46

- 電球 **ampoule** f アンプール
- アイロン **fer à repasser** m フェール ア ルパッセ
- カーテン **rideau** m リド
- エアコン **climatiseur** m クリマティズール
- テーブル **table** f ターブル
- ソファ **canapé** m キャナペ
- 椅子 **chaise** f シェーズ
- テレビ **télévision** f テレヴィズィヨン
- 毛布 **couverture** f クヴェルテュール
- 有料チャンネル **chaîne payante** f シェーヌ ペイヤントゥ
- シーツ **draps** m.pl. ドゥラ
- 枕 **oreiller** m オレイエ
- ヒーター **chauffage** m ショファージュ
- コンセント **prise** f プリーズ
- ベッド **lit** m リ
- 照明器具 **lampe** f ランプ
- ミニバー **minibar** m ミニバール
- セーフティーボックス **coffre fort** m コッフル フォール
- 目覚まし時計 **réveil** m レヴェイユ
- クローゼット **penderie** f パンドゥリ

バスルームの単語

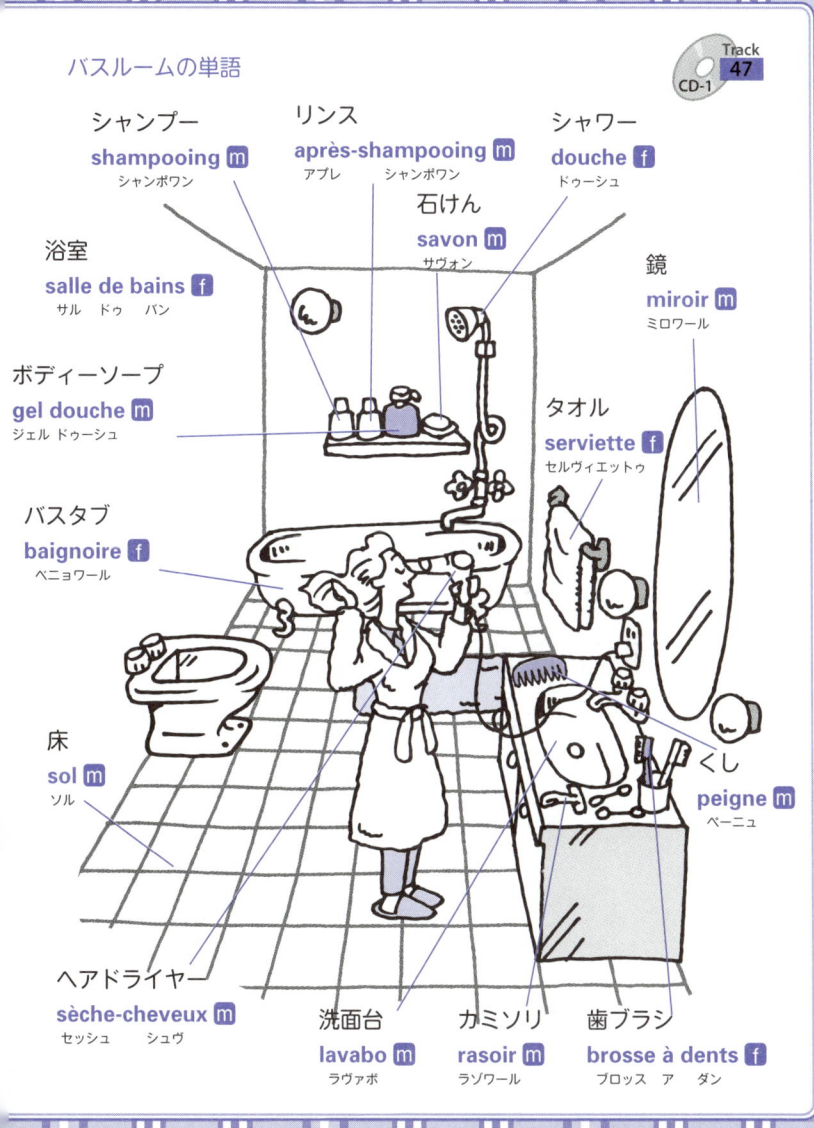

シャンプー
shampooing m
シャンポワン

リンス
après-shampooing m
アプレ　シャンポワン

シャワー
douche f
ドゥーシュ

石けん
savon m
サヴォン

浴室
salle de bains f
サル　ドゥ　バン

鏡
miroir m
ミロワール

ボディーソープ
gel douche m
ジェル ドゥーシュ

タオル
serviette f
セルヴィエットゥ

バスタブ
baignoire f
ベニョワール

床
sol m
ソル

くし
peigne m
ペーニュ

ヘアドライヤー
sèche-cheveux m
セッシュ　シュヴ

洗面台
lavabo m
ラヴァボ

カミソリ
rasoir m
ラゾワール

歯ブラシ
brosse à dents f
ブロッス　ア　ダン

フロントで使う定番フレーズ

予約しておいた田中です。	J'ai réservé au nom de Tanaka. ジェ レゼルヴェ オ ノン ドゥ タナカ
空いている部屋はありますか。	Vous avez encore des chambres ? ヴ ザヴェ アンコール デ シャンブル
2泊したいです。	Je voudrais rester deux nuits. ジュ ヴドゥレ レステ ドゥ ニュイ
すぐ部屋に入れますか。	Peut-on utiliser la chambre tout de suite ? プ トン ユティリゼ ラ シャンブル トゥ ドゥ スュイットゥ
何時から部屋に入れますか。	À partir de quelle heure peut-on utiliser la chambre ? ア パルティール ドゥ ケ ルール プ トン ユティリゼ ラ シャンブル
何時に部屋を出なければなりませんか。	À quelle heure doit-on libérer la chambre ? ア ケ ルール ドワトン リベレ ラ シャンブル
近くにスーパーマーケットはありますか。	Y a-t-il un supermarché près d'ici ? イ ヤティル アン スューペルマルシェ プレ ディスィ
荷物を預けておいてもいいですか。	Puis-je laisser mes bagages ? ピュイージュ レッセ メ バガージュ
預けておいた荷物を受け取りたいです。	Je voudrais récupérer mes bagages. ジュ ヴドゥレ レキュペレ メ バガージュ
日本語が話せる人は居ますか。	Il y a quelqu'un qui parle japonais ? イリヤ ケルカン キ パルル ジャポネ

トラブル

故障している

1. 電話が壊れています。

Le téléphone ne fonctionne pas.
ル　テレフォンヌ　ヌ　フォンクスィヨンヌ　パ

言い換え

テレビ	la télévision ラ　テレヴィズィヨン
エアコン	la climatisation ラ　クリマティザスィヨン
鍵	la clé ラ　クレ
セーフティーボックス	le coffre fort ル　コッフル　フォール
ミニバー	le minibar ル　ミニバール
目覚まし時計	le réveil ル　レヴェイユ
ドアロック	la serrure ラ　セリュール

困ったときの定番フレーズ

お湯が出ません。	Il n'y a pas d'eau chaude. イル ニ ヤ パ ド ショードゥ
トイレの水が流れません。	Les toilettes sont bouchées. レ トワレットゥ ソン ブシェ
電球が切れています。	La lampe est grillée. ラ ランプ エ グリエ
部屋がタバコ臭いです。	Ça sent la cigarette dans ma chambre. サ サン ラ スィガレットゥ ダン マ シャンブル
インターネットがつながりません。	On n'a pas Internet. オン ナ パ アンテルネットゥ
鍵を部屋の中に置いて来てしまいました。	J'ai oublié la clé dans ma chambre. ジェ ウブリエ ラ クレ ダン マ シャンブル
部屋の鍵をなくしてしまいました。	J'ai perdu la clé de ma chambre. ジェ ペルデュ ラ クレ ドゥ マ シャンブル
ドアが開きません。	On ne peut pas ouvrir la porte. オン ヌ ブ パ ウヴリール ラ ポルトゥ
隣の部屋がうるさいです。	Ils sont bruyants dans la chambre d'à côté. イル ソン ブリュイヤン ダン ラ シャンブル ダ コテ
部屋が汚れています。	La chambre n'est pas propre. ラ シャンブル ネ パ プロプル
暑すぎます。	Il fait trop chaud. イル フェ トゥロ ショ
寒すぎます。	Il fait trop froid. イル フェ トゥロ フロワ

飲食編

　旅の楽しみのひとつにその土地の料理を味わうことがあります。伝統的なフランス料理、ヌーヴェルキュイジヌ、地方の郷土料理と、様々な味と出会うことができます。カフェでのくつろぎも、フランスならではですね。

店を探す

店を探す

1. 二ツ星レストランはありますか。

Il y a un restaurant deux étoiles ?
イリヤ アン レストラン ドゥ ゼトワル

言い換え

イタリア料理	italien	イタリヤン
中華料理	chinois	シノワ
ベトナム料理	vietnamien	ヴィエトゥナミヤン
スペイン料理	espagnol	エスパニョル
日本料理	japonais	ジャポネ
アルザス料理	alsacien	アルザスィヤン
バスク料理	basque	バスク
三ツ星	trois étoiles	トゥロワ ゼトワル
お勧めの	que vous recommandez	ク ヴ ルコマンデ
ベジタリアン	pour végétariens	プール ヴェジェタリヤン
郷土料理	de cuisine régionale	ドゥ キュイズィヌ レジョナル

店を探す

(2) おいしいレストランを探しています。

Je cherche un bon restaurant.
ジュ　シェルシュ　アン　ボン　　　レストラン

言い換え

あまり高くないレストラン	un restaurant pas très cher アン　レストラン　パ　トゥレ シェール
おしゃれなレストラン	un restaurant chic アン　レストラン　シック
おしゃれなカフェ	un café chic アン キャフェ シック
クレープ屋	une crêperie ユヌ　クレプリ
サンドイッチ屋	une sandwicherie ユヌ　サンドゥウィッチュリ
アイスクリーム屋	un glacier アン　グラスィエ
ワインバー	un bar à vins アン バール ア ヴァン
ファーストフード店	un fastfood アン ファストゥフードゥ

カフェで

[飲み物を注文する]

1 コーヒーをお願いします。

Un café, s'il vous plaît.
アン　キャフェ　スィル　ヴ　プレ

言い換え

エスプレッソ	**un espresso** アン　ネスプレッソ
アイスコーヒー	**un café glacé** アン　キャフェ　グラセ
紅茶	**un thé** アン　テ
レモンティー	**un thé au citron** アン　テ　オ　スィトゥロン
ホットココア	**un chocolat chaud** アン　ショコラ　ショ
フレッシュオレンジジュース	**une orange pressée** ユ　ノランジュ　プレッセ
リンゴジュース	**un jus de pomme** アン　ジュ　ドゥ　ポム
コーラ	**un coca** アン　コカ
レモネード	**une limonade** ユヌ　リモナードゥ
生ビール	**une bière pression** ユヌ　ビエール　プレッスィヨン
ハーブティー	**une infusion** ユ　ナンフュズィヨン

カフェで

[食べ物を注文する]

2 ハムサンドをお願いします。

Un sandwich au jambon, s'il vous plaît.
アン サンドゥウィッチュ オ ジャンボン スィル ヴ プレ

言い換え

チーズサンド	**un sandwich au fromage** アン サンドゥウィッチュ オ フロマージュ
クロックムッシュ	**un croque-monsieur** アン クロック ムスィユ
クロックマダム	**un croque-madame** アン クロック マダム
オムレツ	**une omelette** ユ ノムレットゥ
グリーンサラダ	**une salade verte** ユヌ サラドゥ ヴェルトゥ
クロワッサン	**un croissant** アン クロワッサン
パン・オ・ショコラ	**un pain au chocolat** アン パン オ ショコラ
バタートースト	**un toast** アン トストゥ
ガトーショコラ	**un gâteau au chocolat** アン ギャト オ ショコラ
タルト・タタン	**une tarte Tatin** ユヌ タルトゥ タタン
アイスクリーム	**une glace** ユヌ グラス

レストランで

席のリクエストをする

1. 窓に近い席をお願いします。

Je voudrais une table près de la fenêtre.
ジュ　ヴドゥレ　ユヌ　ターブル　プレ　ドゥ ラ　フネートゥル

言い換え

テラス席　: **une table en terrasse**
　　　　　　ユヌ　ターブル　アン　テラッス

静かな席　: **une table tranquille**
　　　　　　ユヌ　ターブル　トゥランキル

奥の席　　: **une table au fond**
　　　　　　ユヌ　ターブル　オ　フォン

禁煙席　　: **une table non fumeur**
　　　　　　ユヌ　ターブル　ノン　フュムール

喫煙席　　: **une table fumeur**
　　　　　　ユヌ　ターブル　フュムール

❈レストランについて❈

　フランスでは、高級レストランに子供を連れて行くことはしません。特に、ディナーは夜8時頃から始める大人だけが楽しむ時間です。子供連れで行っても、断られることがあります。

レストランで

メニヲを頼む

2 メニューをください。
Je peux avoir la carte, s'il vous plaît.
ジュ プ アヴォワール ラ キャルトゥ スィル ヴ プレ

言い換え

日本語のメニュー	une carte en japonais
	ユヌ キャルトゥ アン ジャポネ
英語のメニュー	une carte en anglais
	ユヌ キャルトゥ アン ナングレ
ドリンクメニュー	la carte des boissons
	ラ キャルトゥ デ ボワッソン
コースメニュー	une carte des menus
	ユヌ キャルトゥ デ ムニュ
ワインメニュー	la carte des vins
	ラ キャルトゥ デ ヴァン
デザートメニュー	la carte des desserts
	ラ キャルトゥ デ デセール

メニューに書いてある単語

Track CD-1 54

コース料理	**menus** m.pl. ムニュ
オードブル	**hors d'œuvre** m.pl. オル ドゥーヴル
前菜	**entrées** f.pl. アントゥレ
メインディッシュ	**plats principaux** m.pl. プラ プランスィポ
本日の料理	**plat du jour** m プラ デュジュール
魚料理	**poissons** m.pl. ポワッソン
肉料理	**viandes** f.pl. ヴィヤンドゥ
野菜	**légumes** m.pl. レギューム
チーズ	**fromages** m.pl. フロマージュ
デザート	**desserts** m.pl. デセール
飲み物	**boissons** f.pl. ボワッソン

レストランで

レストランを予約するとき・レストランに入るときの定番フレーズ

Track CD-1 55

予約したいのですが。	**Je voudrais faire une réservation.** ジュ ヴドゥレ フェール ユヌ レゼルヴァスィヨン
今晩です。	**C'est pour ce soir.** セ プール ス ソワール
予約しています。	**J'ai réservé une table.** ジェ レゼルヴェ ユヌ ターブル
予約していませんが、大丈夫ですか。	**Je n'ai pas réservé mais y a-t-il de la place ?** ジュ ネ パ レゼルヴェ メ イヤティルドゥラ プラス
2名です。	**Nous sommes deux.** ヌ ソム ドゥ
食事はできますか。	**On peut manger ?** オン プ マンジェ
飲み物だけでも大丈夫ですか。	**On peut juste prendre un verre ?** オン プ ジュストゥプランドゥル アン ヴェール
どのくらい待ちますか。	**On doit attendre pendant combien de temps ?** オン ドワ アタンドゥル パンダン コンビヤン ドゥ タン
急いで食べたいのですが大丈夫ですか。	**Je suis un peu pressé(e), ça va ?** ジュ スュイ アン プ プレッセ サ ヴァ

[飲み物を頼む]

3 赤ワインをボトルでいただきます。

Je prends une bouteille de rouge.
ジュ　プラン　ユヌ　ブテイユ　ドゥ　ルージュ

言い換え

ロゼワインをハーフボトルで	**une demi-bouteille de rosé** ユヌ　ドゥミ　ブテイユ　ドゥ　ロゼ
白ワインをカラフで	**une carafe de blanc** ユヌ　キャラフ　ドゥ　ブラン
シャンパンをグラスで	**un verre de champagne** アン　ヴェール　ドゥ　シャンパーニュ
シードルをピッチャーで	**un pichet de cidre** アン　ピシェ　ドゥ　スィードゥル
食前酒	**un apéritif** アン　ナペリティフ
キール	**un kir** アン　キール
食後酒	**un digestif** アン ディジェスティフ
コニャック	**du cognac** デュ　コニャック
カルバドス	**du calvados** デュ　キャルヴァドス
ウィスキー	**du whisky** デュ　ウィスキ
ミネラルウォーター	**de l'eau minérale plate** ドゥ　ロ　ミネラル　プラットゥ
ミネラルウォーター炭酸入り	**de l'eau minérale gazeuse** ドゥ　ロ　ミネラル　ギャズーズ

レストランで

ワインについて

4 ボルドーワインをお願いします。

Du bordeaux, s'il vous plaît.
デュ　　ボルド　　　スィル　ヴ　プレ

言い換え

ブルゴーニュワイン	du bourgogne デュ　ブルゴーニュ	
辛口のワイン	un vin sec アン ヴァン セック	
甘口のワイン	un vin doux アン ヴァン ドゥー	
お勧めのワイン	un vin que vous recommandez アン ヴァン ク ヴ ルコマンデ	
この料理に合うワイン	un vin qui va avec ce plat アン ヴァン キ ヴァ アヴェック ス プラ	

前菜を注文する

5 スフレかに風味をお願いします。

Un soufflé aux crabes, s'il vous plaît.
アン　スフレ　オ　クラブ　　スィル　ヴ　プレ

言い換え

生野菜の盛り合わせ	une assiette de crudités ユ ナスィエットゥ ドゥ クリュディテ
田舎風パテ	un pâté de campagne アン パテ ドゥ カンパーニュ
サーモンとホタテのタルタル	une tartare de saumon et Saint-Jacques ユヌ タルタール ドゥ ソーモン エ サン ジャック
キッシュロレーヌ	une quiche lorraine ユヌ キッシュ ロレーヌ
カボチャのスープ	une soupe au potiron ユヌ スープ オ ポティロン

機内・空港編 / 宿泊編 / 飲食編 / 買い物編 / 観光編 / トラブル編 / 旅単語集

メインディッシュを注文する

6 舌平目のムニエルをお願いします。
Une sole meunière, s'il vous plaît.
ユヌ　　ソル　　　ムニエール　　　スィル　ヴ　プレ

言い換え

タイのポワレ	une daurade poêlée ユヌ　ドラドゥ　ポワレ
マスのポシェ	une truite de mer pochée ユヌ　トゥリュイットゥ　ドゥ　メール　ポシェ
スズキのグリル	un bar grillé aux épices アン　バール　グリエ　オ　ゼピス
鶏のソテー バスク風	un poulet sauté basquaise アン　プレ　ソテ　バスケーズ
タラのベーコン巻き	un filet de cabillaud au lard fumé アン　フィレ　ドゥ　キャビヨ　オ　ラール　フュメ
フライドポテト添えステーキ	un steak-frites アン　ステック　フリットゥ
子牛のブランケット	une blanquette de veau ユヌ　ブランケットゥ　ドゥ　ヴォ
鴨のコンフィ	un confit de canard アン　コンフィ　ドゥ　キャナール
牛フィレステーキ アンリ4世風	un tournedos Henri IV アン　トゥルヌド　アンリ　キャトゥル
仔羊もも肉の蒸し煮 香草風味	un gigot d'agneau braisé aux herbes アン　ジゴ　ダニョ　ブレゼ　オ　ゼルブ
若鶏の赤ワイン煮込み	un coq au vin アン　コ　コ　ヴァン

レストランで

チーズを注文する

7 チーズの盛り合わせをお願いします。
Un plateau de fromages, s'il vous plaît.
アン　プラト　ドゥ　フロマージュ　スィル　ヴ　プレ

言い換え

ロックフォール	:	du roquefort デュ　ロックフォール
コンテ	:	du comté デュ　コンテ
ブリ	:	du brie デュ　ブリ
カマンベール	:	du camembert デュ　キャマンベール
ヤギチーズ	:	du fromage de chèvre デュ　フロマージュ　ドゥ　シェーヴル

デザートを注文する

8 クレームブリュレをお願いします。
Une crème brûlée, s'il vous plaît.
ユヌ　クレーム　ブリュレ　スィル　ヴ　プレ

言い換え

洋梨のタルト	:	une tarte aux poires ユヌ　タルトゥ　オ　ポワール
アイスクリーム	:	une glace ユヌ　グラス
シャーベット	:	un sorbet アン　ソルベ
フルーツサラダ	:	une salade de fruits ユヌ　サラドゥ　ドゥ　フリュイ
イル・フロタント	:	une île flottante ユ　ニル　フロッタントゥ

[料理の感想を言う]

9 おいしいです。
C'est bon.
セ　ボン

言い換え

すごくおいしい	délicieux	デリスィユ
スパイシー	épicé	エピセ
塩からい	salé	サレ
甘い	sucré	スュクレ
味が濃い	fort	フォール
かたい	dur	デュール
熱い	chaud	ショ
冷めている	froid	フロワ
脂っこい	gras	グラ

❋ カフェ・レストランのチップ ❋

　カフェ、レストランの料金には15％のサービス料が含まれています。チップを渡す必要はありませんが、料理やサービスにとりわけ満足したときには、その気持ちをチップで表しましょう。テーブルのお皿の陰などに、そっと置いて席を立ちます。

レストランで

レストランの店内の単語

Track CD-1 59

ウェイトレス
serveuse f
セルヴーズ

メニュー
carte f
キャルトゥ

ウェイター
serveur m
セルヴール

シェフ
chef m
シェフ

フォーク
fourchette f
フルシェットゥ

グラス
verre m
ヴェール

カップ
tasse f
タッス

皿
assiette f
アスィエットゥ

スプーン
cuillère f
キュイエール

ナイフ
couteau m
クト

ナプキン
serviette f
セルヴィエットゥ

注文・支払いのとき、食事中・食後の定番フレーズ

これは何ですか。	**Qu'est-ce que c'est ?** ケ ス ク セ
これは量がありますか。	**C'est beaucoup ?** セ ボク
これは味が濃いですか。	**C'est fort ?** セ フォール
注文したものが来ていません。	**Je ne suis pas encore servi(e).** ジュ ヌ スュイ パ アンコール セルヴィ
これは注文していません。	**Je n'ai pas commandé ça.** ジュ ネ パ コマンデ サ
パンをお願いします。	**Du pain, s'il vous plaît.** デュ パン スィル ヴ プレ
とてもおいしかったです。	**C'était très bon.** セ テ トゥレ ボン
お勘定をお願いします。	**L'addition, s'il vous plaît.** ラディスィヨン スィル ヴ プレ
別々に支払います。	**On paie séparément.** オン ペ セパレマン
計算ミスだと思います。	**Je crois qu'il y a une erreur.** ジュ クロワ キ リヤ ユ ネルール

買い物編

　モードの国フランスでは、ブティックのウィンドウを眺めるだけでも楽しいですね。お気に入りの一品を見つけたら、フランス語での買い物にチャレンジしてみましょう。フランスならではの、ワイン、チーズ専門店で使えるフレーズも取り上げています。

店を探す

[店を探す]

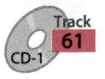

1 市場はどこですか。

Où est le marché ?
ウ　エ　ル　　マルシェ

言い換え

スーパーマーケット	le supermarché	ル　スューペルマルシェ
商店街	la rue commerçante	ラ　リュ　コメルサントゥ
ショッピングモール	le centre commercial	ル　サントゥル　コメルスィヤル
デパート	le grand magasin	ル　グラン　マガザン
薬局	la pharmacie	ラ　ファルマスィ
チーズ専門店	la fromagerie	ラ　フロマジュリ
ワイン専門店	le magasin de vin	ル　マガザン　ドゥ　ヴァン
免税店	les magasins détaxe （Où estがOù sontとなります）	レ　マガザン　デタックス　ウ　エ　ウ　ソン
ブランド店	les boutiques de grandes marques （Où estがOù sontとなります）	レ　ブティック　ドゥ　グランドゥ　マルク　ウ　エ　ウ　ソン

店を探す

売り場を探す

2 婦人服売り場はどこですか。
Où est le rayon femmes ?
ウ　エ　ル　レイヨン　　ファム

言い換え

紳士服	**hommes** オム
子供服	**enfants** アンファン
スポーツウェア	**vêtements de sport** ヴェトゥマン　ドゥ　スポール
婦人靴	**chaussures pour femmes** ショスュール　プール　ファム
紳士靴	**chaussures pour hommes** ショスュール　プール　オム
バッグ	**bagages** バガージュ
アクセサリー	**bijoux et accessoires** ビジュ　エ　アクセソワール
化粧品	**beauté** ボテ
服飾雑貨	**accessoires de vêtement** アクセソワール　ドゥ　ヴェトゥマン
食器	**vaisselle** ヴェッセル
インテリア用品	**décoration intérieure** デコラスィヨン　アンテリウール

洋服・雑貨などの専門店で

[服を買う]

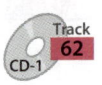

1 Tシャツはありますか。

Vous avez des tee-shirts ?
ヴ　ザヴェ　デ　ティ　スュルトゥ

言い換え

ジャケット	**vestes** ヴェストゥ
スーツ	**costumes** コステュム
ワイシャツ	**chemises** シュミーズ
ブラウス	**chemisiers** シュミズィエ
ワンピース	**robes** ローブ
パンツ	**pantalons** パンタロン
ジーンズ	**jeans** ジーン
スカート	**jupes** ジュップ
セーター	**pulls** ピュル
タンクトップ	**débardeurs** デバルドゥール
コート	**manteaux** マント

洋服・雑貨などの専門店で

服飾店の単語

Track CD-1 63

ショーケース
vitrine f
ヴィトゥリヌ

ハンガー
cintre m
サントゥル

鏡
miroir m
ミロワール

試着室
cabine d'essayage f
キャビヌ　デッセイヤージュ

レジ
caisse f
ケッス

男性の店員
vendeur m
ヴァンドゥール

棚
étagère f
エタジェール

セール品
articles en promotion m.pl.
アルティクル アン　プロモスィヨン

女性の店員
vendeuse f
ヴァンドゥーズ

> デザインについて尋ねる

2. Vネックの服はありますか。

Est-ce que vous avez des vêtements avec un col V ?
エ ス ク ヴ ザヴェ デ ヴェトゥマン アヴェック アン コル ヴェ

言い換え

丸首	**avec un col rond**
	アヴェック アン コル ロン
タートルネック	**avec un col roulé**
	アヴェック アン コル ルレ
ハイネック	**avec un col montant**
	アヴェック アン コル モンタン
半袖	**avec des manches courtes**
	アヴェック デ マンシュ クルトゥ
長袖	**avec des manches longues**
	アヴェック デ マンシュ ロング
七分袖	**avec des manches trois-quarts**
	アヴェック デ マンシュ トゥロワ キャール
ノースリーブ	**sans manches**
	サン マンシュ

❖ ブティックの買い物マナー ❖

日本では大体の場合ブティックで商品を手に取ることが出来ますが、フランスでは店員さんに一言、<Je peux toucher ?>（触ってもいいですか）と断ってからにしましょう。
ジュ プ トゥシェ

洋服・雑貨などの専門店で

生地について尋ねる

3 これはシルクですか。
C'est en soie ?
セ タン ソワ

言い換え

綿	coton コトン
麻	lin ラン
ウール	laine レーヌ
革	cuir キュイール
カシミア	cachemire キャシュミール
本物の毛皮	fourrure véritable フリュール ヴェリターブル
合成繊維	tissu synthétique ティスュ サンテティック

[色について尋ねる]

4 これで赤はありますか。
Vous l'avez en rouge ?
ヴ　　　ラヴェ　　アン　　ルージュ

↻ 言い換え

黄色	**jaune** ジョーヌ
緑	**vert** ヴェール
青	**bleu** ブル
ピンク	**rose** ローズ
オレンジ	**orange** オランジュ
黒	**noir** ノワール
白	**blanc** ブラン
紫	**violet** ヴィオレ
グレイ	**gris** グリ
茶	**marron** マロン
ベージュ	**beige** ベージュ

洋服・雑貨などの専門店で

サイズについて尋ねる

5 これのSサイズはありますか。
Vous l'avez en S ?
ヴ　　ラヴェ　　アン　エス

言い換え

Mサイズ	**M** エム
Lサイズ	**L** エル
これより小さいもの	**plus petit** プリュ　プティ
これより大きいもの	**plus grand** プリュ　グラン
これより長いもの	**plus long** プリュ　ロン
これより短いもの	**plus court** プリュ　クール

❀サイズについて❀

　フランスでは、36、38、40…のようなサイズ表示が普通です。S、M、Lの表示の場合、日本のものよりも大きめなので、確認してから買うことをお勧めします。

> かばん・靴を買う

6 ハンドバッグはありますか。
Vous avez des sacs à main ?
ヴ　ザヴェ　デ　サッ　カ　マン

言い換え

ショルダーバッグ	des sacs portés épaule デ　サック　ポルテ　エポール
スーツケース	des valises デ　ヴァリーズ
リュック	des sacs à dos デ　サッ　カ　ド
スニーカー	des tennis デ　テニス
サンダル	des sandales デ　サンダル
ハイヒール	des chaussures à talons デ　ショスュール　ア　タロン
ローヒール	des chaussures sans talons デ　ショスュール　サン　タロン
エスパドリーユ	des espadrilles デ　ゼスパドゥリーユ
ミュール	des mules デ　ミュル
ブーツ	des bottes デ　ボットゥ

洋服・雑貨などの専門店で

[雑貨を買う]

7 財布はありますか。
Vous avez des portefeuilles ?
ヴ　　　ザヴェ　　デ　　　　ポルトゥフイユ

言い換え	ハンカチ	des mouchoirs en tissu デ　　ムショワール　アン ティスュ
	スカーフ	des foulards デ　　フラール
	マフラー	des écharpes デ　　ゼシャルプ
	ネクタイ	des cravates デ　　クラヴァットゥ
	手袋	des gants デ　ガン
	傘	des parapluies デ　パラブリュイ
	折りたたみ傘	des parapluies pliants デ　パラブリュイ　　プリヤン
	帽子	des chapeaux デ　シャポ
	サングラス	des lunettes de soleil デ　リュネットゥ ドゥ ソレイユ
	ベルト	des ceintures デ　サンテュール

[ギフト雑貨を買う]

8 キーホルダーはありますか。
Vous avez des porte-clés ?
ヴ　サヴェ　デ　ポルトゥ　クレ

言い換え

ボール（大カップ）	des bols デ　ボル
マグカップ	des mugs デ　マグ
カレンダー	des calendriers デ　キャランドゥリエ
トートバッグ	des sacs fourre-tout en tissu デ　サック　フール　トゥ　アン　ティスュ
テーブルクロス	des nappes デ　ナップ
エプロン	des tabliers デ　タブリエ
栞（しおり）	des signets デ　スィニェ
マウスパッド	des tapis de souris デ　タピ　ドゥ　スリ
手帳	des agendas デ　ザジャンダ
携帯電話用のアクセサリー	des accessoires pour le téléphone portable デ　ザクセソワール　プール　ル　テレフォンヌ　ポルターブル

洋服・雑貨などの専門店で

[アクセサリーを買う]

9 ネックレスはありますか。
Vous avez des colliers ?
ヴ　　ザヴェ　デ　　　コリエ

言い換え

イヤリング	des boucles d'oreilles
	デ　　ブックル　　　ドレイユ
ペンダント	des pendentifs
	デ　　パンダンティフ
ブレスレット	des bracelets
	デ　　ブラスレ
指輪	des bagues
	デ　　バーグ
ブローチ	des broches
	デ　　ブロッシュ
ネクタイピン	des pinces à cravate
	デ　　パンス　ア　クラヴァットゥ
カフスボタン	des boutons de manchette
	デ　　ブトン　ドゥ　マンシェットゥ
髪の毛用装身具	des accessoires pour les cheveux
	デ　　ザクセソワール　プール　レ　シュヴ

[化粧品を買う]

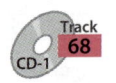

⑩ 香水はありますか。
Vous avez du parfum ?
ヴ　ザヴェ　デュ　パルファン

乳液	**du lait de beauté** デュ　レ　ドゥ　ボテ
メイク落とし (言い換え)	**du démaquillant** デュ　デマキヤン
保湿クリーム	**de la crème hydratante** ドゥ　ラ　クレーム　イドゥラタントゥ
ファンデーション	**du fond de teint** デュ　フォン　ドゥ　タン
パウダー	**de la poudre** ドゥ　ラ　プードゥル
口紅	**du rouge à lèvres** デュ　ルージュ　ア　レーヴル
オードトワレ	**de l'eau de toilette** ドゥ　ロ　ドゥ　トワレットゥ
マニキュア	**du vernis à ongles** デュ　ヴェルニ　ア　オングル
除光液	**du dissolvant** デュ　ディソルヴァン
日焼け止めクリーム	**de la crème solaire** ドゥ　ラ　クレーム　ソレール

洋服・雑貨などの専門店で

[文具を買う]

11 ボールペンはありますか。

Vous avez des stylos à bille ?
ヴ　サヴェ　デ　スティロ　ア　ビーユ

言い換え

サインペン	des feutres デ　フートゥル	
鉛筆	des crayons デ　クレイヨン	
万年筆	des stylos plume デ　スティロ　プリュム	
便箋	du papier à lettres デュ　パピエ　ア　レットゥル	
封筒	des enveloppes デ　ザンヴロップ	
ノート	des cahiers デ　キャイエ	
消しゴム	des gommes デ　ゴム	
メモ帳	des blocs-notes デ　ブロック　ノットゥ	
ポストカード	des cartes postales デ　キャルトゥ　ポスタル	
はさみ	des ciseaux デ　スィゾ	
セロテープ	du scotch デュ　スコッチュ	

[日用品を買う]

12 歯ブラシはありますか。
Vous avez des brosses à dents ?
ヴ　ザヴェ　デ　ブロッス　ア　ダン

言い換え

歯磨き粉	**des dentifrices** デ　ダンティフリス
石けん	**des savons** デ　サヴォン
シャンプー	**des shampooings** デ　シャンポワン
リンス	**des après-shampooings** デ　ザプレ　シャンポワン
タオル	**des serviettes** デ　セルヴィエットゥ
電池	**des piles** デ　ピル
ナプキン	**des serviettes en papier** デ　セルヴィエットゥ　アン　パピエ
ティッシュ	**des mouchoirs en papier** デ　ムショワール　アン　パピエ
ビニール袋	**des sacs en plastique** デ　サック　アン　プラスティック

洋服・雑貨などの専門店で

[ラッピングを頼む]

13 別々に包んでください。
Vous pouvez les emballer séparément, s'il vous plaît ?
ヴ　プヴェ　レ　ザンバレ　セパレマン　スィル　ヴ　プレ

言い換え

一緒に包んで	**les emballer ensemble** レ　ザンバレ　アンサンブル
ギフト用に包んで	**faire un paquet cadeau** フェール　アン　パケ　キャド
箱に入れて	**mettre dans une boîte** メットゥル　ダン　ズュヌ　ボワットゥ
紙袋に入れて	**mettre dans un sac en papier** メットゥル　ダン　ザン　サック　アン　パピエ
リボンを掛けて	**mettre un ruban** メットゥル　アン　リュバン
値札をとって	**enlever l'étiquette** アンルヴェ　レティケットゥ
もうひとつ袋を	**me donner un autre sac** ム　ドネ　アン　ノートゥル　サック

機内・空港編　宿泊編　飲食編　買い物編　観光編　トラブル編　旅単語集

人気ブランド名

アニエスベー	**agnès b.** アニエス ベー
セリーヌ	**Céline** セリーヌ
シャネル	**Chanel** シャネル
カルティエ	**Cartier** キャルティエ
ゲラン	**Guerlain** ゲルラン
クリスチャン・ディオール	**Christian Dior** クリスティヤン ディオール
エルメス	**Hermès** エルメス
ルイ・ヴィトン	**Louis Vuitton** ルイ ヴィトン
ピエール・カルダン	**Pierre Cardin** ピエール キャルダン
ソニア・リキエル	**Sonia Rykiel** ソニヤ リキエル
イヴ・サンローラン	**Yves Saint-Laurent** イヴ サン ローラン
ジバンシィ	**Givenchy** ジヴァンシ
ロンシャン	**Longchamp** ロンシャン
ランバン	**Lanvin** ランヴァン
ジャンポール・ゴルティエ	**Jean-Paul Gaultier** ジャン ポール ゴルティエ

洋服・雑貨などの専門店で

商品を見る・選ぶときの定番フレーズ

見ているだけです。	**Je regarde seulement, merci.** ジュ ルギャルドゥ　スルマン　メルスィ
迷っています。	**J'hésite.** ジェズィットゥ
またにします。	**Je vais réfléchir.** ジュ ヴェ　レフレシール
あれを見せてもらえますか。	**Vous pouvez me montrer cela ?** ヴ　プヴェ　ム　モントゥレ　スラ
ショーウィンドウのものを見せてもらえますか。	**Vous pouvez me montrer ce qui est dans la vitrine ?** ヴ　プヴェ　ム　モントゥレ ス キ エ ダン ラ ヴィトゥリヌ
これを試着できますか。	**Je peux essayer ?** ジュ プ　エッセイエ
もっと安いのはありませんか。	**Vous avez quelque chose de moins cher ?** ヴ　ザヴェ　ケルク　ショーズ ドゥ モワン シェール
これをください。	**Je prends ça.** ジュ　プラン　サ
触ってもいいですか。	**Je peux toucher ?** ジュ プ　トゥシェ
これはもっとありますか。	**Vous en avez encore ?** ヴ　ザン ナヴェ アンコール

支払いのときの定番フレーズ

全部でいくらになりますか。	**Ça fait combien ?** サ フェ コンビヤン
クレジットカードで払えますか。	**Je peux régler par carte ?** ジュ プ レグレ パール キャルトゥ
JCBカードで払えますか。	**Je peux régler avec la carte JCB ?** ジュ プ レグレ アヴェック ラ キャルトゥ ジセベ
小銭がありません、ごめんなさい。	**Je n'ai pas de monnaie, excusez-moi.** ジュ ネ パ ドゥ モネ エクスキュゼ モワ
おつりが足りないのですが。	**Vous ne m'avez pas rendu assez de monnaie.** ヴ ヌ マヴェ パ ランデュ アッセ ドゥ モネ
値引きがあったのですが。	**Il y avait une réduction.** イリ ヤヴェ ユヌ レデュクスィヨン
領収書をお願いします。	**Est-ce que je peux avoir une facture ?** エ ス ク ジュ プ アヴォワール ユヌ ファクテュール

パン屋で

パン屋で

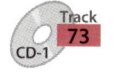

1. バゲットをください。

Je voudrais une baguette.
ジュ ヴドゥレ ユヌ バゲットゥ

言い換え		
クロワッサン	un croissant	アン クロワッサン
ブリオッシュ	une brioche	ユヌ ブリオッシュ
パン・オ・ショコラ	un pain au chocolat	アン パン オ ショコラ
パン・オ・ショコラ・アマンド	un pain au chocolat et aux amandes	アン パン オ ショコラ エ オ ザマンドゥ
パン・オ・レザン	un pain aux raisins	アン パン オ レザン
くるみパン	un pain aux noix	アン パン オ ノワ
アップルパイ	un chausson aux pommes	アン ショソン オ ポム
エクレア	un éclair	アン ネクレール
フラン	un flan	アン フラン
シューケット	des chouquettes	デ シューケットゥ
マカロン	un macaron	アン マカロン

マルシェで

マルシェで

1 メロンをください。

Je voudrais un melon.
ジュ　　ヴドゥレ　　アン　　ムロン

言い換え

トマト	**des tomates**　デ　トマットゥ
キュウリ	**un concombre**　アン　コンコンブル
サラダ菜	**une salade**　ユヌ　サラドゥ
ズッキーニ	**une courgette**　ユヌ　クルジェットゥ
さやえんどう	**des pois mange-tout**　デ　ポワ　マンジュ　トゥ
グリーンピース	**des petits pois**　デ　プティ　ポワ
キノコ	**des champignons**　デ　シャンピニョン
桃	**des pêches**　デ　ペッシュ
リンゴ	**des pommes**　デ　ポム
オレンジ	**des oranges**　デ　ゾランジュ
梨	**des poires**　デ　ポワール

マルシェで

サクランボ	**des cerises** デ　スリーズ	
ネクタリン	**des nectarines** デ　ネクタリヌ	
杏	**des abricots** デ　ザブリコ	
イチゴ	**des fraises** デ　フレーズ	
バナナ	**des bananes** デ　バナヌ	
ブドウ	**des raisins** デ　レザン	
生ハム	**du jambon cru** デュ　ジャンボン　クリュ	
ソーセージ	**des saucisses** デ　ソスィッス	
ドライソーセージ	**des saucissons secs** デ　ソスィソン　セック	

❀マルシェに行ってみよう❀

　観光の合間にマルシェの雰囲気を味わいに行ってみましょう。新鮮な食材―山と積まれた果物や野菜、その土地の特産物―チーズ、バター、蜂蜜…、お店の人と買い物客の楽しそうなやりとりにフランスの豊かな生活が垣間見られます。

マルシェの定番フレーズ

1個いくらですか。	**C'est combien, la pièce ?** セ　コンビヤン　ラ　ピエス
1キロいくらですか。	**C'est combien, le kilo ?** セ　コンビヤン　ル　キロ
これは何ですか。	**Qu'est-ce que c'est ?** ケ　ス　ク　セ
どのように食べるのですか。	**Comment ça se mange ?** コマン　サ　ス　マンジュ
味見してもいいですか。	**Je peux goûter ?** ジュ　プ　グテ
これはどれくらい保ちますか。	**Ça se garde combien de temps ?** サ　ス　ギャルドゥ　コンビヤン　ドゥ　タン
半分もらえますか。	**Est-ce que je peux avoir la moitié ?** エ　ス　ク　ジュ　プ　アヴォワール　ラ　モワティエ
もう少し多めにお願いします。	**Un peu plus, s'il vous plaît.** アン　プ　プリュス　スィル　ヴ　プレ
もう少し少なめにお願いします。	**Un peu moins, s'il vous plaît.** アン　プ　モワン　スィル　ヴ　プレ
それだけです。	**C'est tout, merci.** セ　トゥ　メルスィ

食料品専門店で

[食料品店で]

1 プロヴァンスのハーブ1包みください。

Je voudrais un sachet d'herbes de Provence.
ジュ　ヴドゥレ　アン　サシェ　デルブ　ドゥ　プロヴァンス

言い換え

レンズ豆1箱	**un paquet de lentilles** アン　パケ　ドゥ　ランティーユ
蜂蜜1瓶	**un pot de miel** アン　ポ　ドゥ　ミエル
イチゴジャム1瓶	**un pot de confiture de fraises** アン　ポ　ドゥ　コンフィテュール　ドゥ　フレーズ
オリーブオイル1瓶	**une bouteille d'huile d'olive** ユヌ　ブテイユ　デュイル　ドリーヴ
マスタード1瓶	**un pot de moutarde** アン　ポ　ドゥ　ムタルドゥ
砂糖1袋	**un paquet de sucre** アン　パケ　ドゥ　スュクル
ゲランドの塩	**du sel de Guérande** デュ　セル　ドゥ　ゲランドゥ
スパゲティ1箱	**un paquet de spaghetti** アン　パケ　ドゥ　スパゲティ
アンチョビ1缶	**une boîte d'anchois** ユヌ　ボワットゥ　ダンショワ
リエット1瓶	**un pot de rillettes** アン　ポ　ドゥ　リエットゥ

黒オリーブ1瓶	**un pot d'olives noires** _{アン ポ ドリーヴ ノワール}
卵1ダース	**une douzaine d'œufs** _{ユヌ ドゥゼヌ ドゥ}
ヨーグルト1瓶	**un pot de yaourt** _{アン ポ ドゥ ヤウルトゥ}
バター1ポンド	**une livre de beurre** _{ユヌ リーヴル ドゥ ブール}
ハーブティー	**des infusions** _{デ ザンフュズィヨン}
塩キャラメル	**des caramels au beurre salé** _{デ キャラメル オ ブール サレ}
小麦粉1袋	**un paquet de farine** _{アン パケ ドゥ ファリヌ}

食料品専門店で

[惣菜店で]

② キノコのマリネ100グラムください。

Je voudrais cent grammes de champignons marinés.
ジュ ヴドゥレ サン グラム ドゥ シャンピニョン マリネ

エスカルゴのファルシ2個	deux escargots farcis ドゥ ゼスカルゴ ファルスィ
クスクス100グラム	cent grammes de couscous サン グラム ドゥ クスクス
ライスサラダ300グラム	trois cents grammes de salade de riz トゥロワ サン グラム ドゥ サラドゥ ドゥ リ
ジャガイモのグラタン500グラム	une livre de gratin dauphinois ユヌ リーヴル ドゥ グラタン ドフィノワ
スモークサーモン4切れ	quatre tranches de saumon fumé キャトゥル トゥランシュ ドゥ ソーモン フュメ
魚のテリーヌ1個	une terrine de poisson ユヌ テリーヌ ドゥ ポワッソン
パテ・ド・カンパーニュ	du pâté de campagne デュ パテ ドゥ カンパーニュ
サーモンのタルタル2個	deux saumons tartares ドゥ ソーモン タルタール
タブレ	du taboulé デュ タブレ
プティフール	des petits fours デ プティ フール

107

ワイン専門店で

3 赤ワインをください。
Je voudrais du vin rouge.
ジュ　ヴドゥレ　デュ　ヴァン　ルージュ

言い換え

白ワイン	du vin blanc (デュ ヴァン ブラン)
ロゼワイン	du vin rosé (デュ ヴァン ロゼ)
ボルドーワイン	du vin de Bordeaux (デュ ヴァン ドゥ ボルド)
ブルゴーニュワイン	du vin de Bourgogne (デュ ヴァン ドゥ ブルゴーニュ)
アルザスワイン	du vin d'Alsace (デュ ヴァン ダルザス)
ロワール地方のワイン	du vin de Loire (デュ ヴァン ドゥ ロワール)
辛口のワイン	du vin sec (デュ ヴァン セック)
甘口のワイン	du vin doux (デュ ヴァン ドゥー)
フルーティーなワイン	du vin fruité (デュ ヴァン フリュイテ)
テーブルワイン	du vin de table (デュ ヴァン ドゥ ターブル)
軽めのワイン	un vin léger (アン ヴァン レジェ)
地ワイン	un vin de pays (アン ヴァン ドゥ ペイ)

食料品専門店で

[チーズ専門店で]

4 カマンベールをください。
Je voudrais du camembert.
ジュ　ヴドゥレ　デュ　キャマンベール

言い換え

ブリ・ドゥ・モー	**du brie de Meaux** デュ　ブリ　ドゥ　モ
ブルー・ドヴェルニュ	**du bleu d'Auvergne** デュ　ブル　ドヴェルニュ
カンタル	**du cantal** デュ　カンタル
コンテ	**du comté** デュ　コンテ
ルブロション	**du reblochon** デュ　ルブロション
サン・ネクテール	**du saint-nectaire** デュ　サン　ネクテール
ロックフォール	**du roquefort** デュ　ロックフォール
ヤギチーズ	**du fromage de chèvre** デュ　フロマージュ　ドゥ　シェーヴル
エメンタール	**de l'emmental** ドゥ　レマンタル
グリュイエール	**du gruyère** デュ　グリュイエール

[チョコレート屋で]

5 トリュフをください。
Je voudrais des truffes.
ジュ　ヴドゥレ　デ　トゥリュフ

言い換え

ダークチョコレート	du chocolat noir デュ　ショコラ　ノワール
ミルクチョコレート	du chocolat au lait デュ　ショコラ　オ　レ
ホワイトチョコレート	du chocolat blanc デュ　ショコラ　ブラン
板チョコレート	une tablette de chocolat ユヌ　タブレットゥ　ドゥ　ショコラ
アーモンドチョコレート	du chocolat aux amandes デュ　ショコラ　オ　ザマンドゥ
オランジェット	des orangettes デ　ゾランジェットゥ
ガナッシュ	des ganaches デ　ギャナシュ
プラリネ	des pralines デ　プラリヌ
チョコレート詰め合わせ	un assortiment de chocolats アン　ナソルティマン　ドゥ　ショコラ
チョコレートエクレア	un éclair au chocolat アン　ネクレール　オ　ショコラ
ボンボン・ド・ショコラ	des bonbons de chocolat デ　ボンボン　ドゥ　ショコラ

観光編

　観光大国フランスでは、世界遺産から自然溢れる美しい村々まで、足を運びたい土地が数限りなくあります。美術史を彩る名画も見逃せません。定番フレーズを使って、心ゆくまで旅を味わいましょう。

観光案内所で

観光名所への行き方を尋ねる

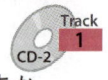

1 エッフェル塔へはどうやって行ったらいいですか。

Pouvez-vous me dire comment aller à la tour Eiffel ?
プヴェ ヴ ム ディール コマン アレ ア ラトゥール エッフェル

言い換え

ルーブル美術館	**au musée du Louvre** オ ミュゼ デュ ルーヴル
凱旋門	**à l'Arc de triomphe** ア ラルク ドゥ トゥリオンフ
オルセー美術館	**au musée d'Orsay** オ ミュゼ ドルセー
オペラ座	**à l'Opéra** ア ロペラ
ポンピドゥーセンター	**au centre Pompidou** オ サントゥル ポンピドゥ
リュクサンブール公園	**au jardin du Luxembourg** オ ジャルダン デュ リュクサンブール
ノートルダム大聖堂	**à Notre-Dame** ア ノートゥル ダム
モンマルトル	**à Montmartre** ア モンマルトゥル
モンパルナスタワー	**à la tour Montparnasse** ア ラ トゥール モンパルナッス
ディズニーランド・パリ	**au Disneyland Paris** オ ディズネーランドゥ パリ

観光案内所で

都市への行き方を尋ねる

ジヴェルニーへはどう行ったらいいですか。

② Pouvez-vous me dire comment aller à Giverny ?
プヴェ ヴ ム ディール コマン アレ ア ジヴェルニ

言い換え

シャルトル	**Chartres** シャルトゥル
ランス	**Reims** ランス
ルーアン	**Rouen** ルアン
ボルドー	**Bordeaux** ボルド
リヨン	**Lyon** リヨン
カンヌ	**Cannes** キャンヌ
ニース	**Nice** ニース
マルセイユ	**Marseille** マルセイユ
ストラスブール	**Strasbourg** ストゥラスブール
モンサンミッシェル	**Mont-Saint-Michel** (à がauとなります) モン サン ミッシェル ア オ

3 この辺りに美術館はありますか。

Est-ce qu'il y a un musée près d'ici ?
エ ス キ リ ヤ アン ミュゼ プレ ディスィ

言い換え

タクシー乗り場	**une station de taxis** ユヌ スタスィヨン ドゥ タクスィ
観光案内所	**un office de tourisme** アン ノフィス ドゥ トゥリスム
市場	**un marché** アン マルシェ
お土産屋	**un magasin de souvenirs** アン マガザン ドゥ スヴニール
歴史的建造物	**un monument historique** アン モニュマン イストリック
映画館	**un cinéma** アン スィネマ
劇場	**un théâtre** アン テアートゥル
公園	**un parc** アン パルク

観光案内所で

[希望を伝える]

4 バレエを見に行きたいのですが。

Je voudrais aller voir un ballet.
ジュ　ヴドゥレ　　　アレ　ヴォワール　アン　バレ

言い換え

芝居を見に行きたい	aller au théâtre アレ　オ　テアートゥル
映画を見に行きたい	aller au cinéma アレ　オ　スィネマ
コンサートに行きたい	aller au concert アレ　オ　コンセール
ミュージカルを見たい	voir une comédie musicale ヴォワール ユヌ　コメディ　ミューズィカル
ムーランルージュに行きたい	aller au Moulin Rouge アレ　オ　ムラン　ルージュ
ポンデザールに行きたい	aller au pont des Arts アレ　オ　ポン　デ　ザール
市内観光バスに乗りたい	faire le circuit de la ville en car フェール ル スィルキュイドゥ ラ ヴィル アン キャール
バトームーシュに乗りたい	prendre le bateau-mouche プランドゥル　ル　バト　ムッシュ
観覧車に乗りたい	prendre la grande roue プランドゥル　ラ　グランドゥ　ル
気球に乗りたい	prendre la montgolfière プランドゥル　ラ　モンゴルフィエール

ケーブルカーに乗りたい	**prendre le funiculaire** プランドゥル　ル　フュニキュレール
ミニ列車に乗りたい	**prendre le petit train** プランドゥル　ル　プティ　トゥラン
ガイド付き見学に参加したい	**participer à la visite guidée** パルティスィペ　ア　ラ ヴィズィットゥ ギデ
エッフェル塔に上りたい	**monter sur la tour Eiffel** モンテ　スュール ラ　トゥール エッフェル
凱旋門に上りたい	**monter sur l'Arc de triomphe** モンテ　スュール ラルク ドゥ　トゥリオンフ
ツールドフランスを観戦したい	**voir le Tour de France** ヴォワール ル トゥール　ドゥ　フランス
サッカーの試合を見たい	**voir un match de foot** ヴォワール アン　マッチュ　ドゥ　フットゥ
テニスの試合を見たい	**voir un match de tennis** ヴォワール アン　マッチュ　ドゥ　テニス
パレードを見に行きたい	**aller voir le défilé** アレ　ヴォワール ル　デフィレ

観光案内所で

5. 市内観光ツアーに参加したいのですが。

Je voudrais participer au tour de la ville.
ジュ ヴドゥレ パルティスィペ オ トゥール ドゥ ラ ヴィル

言い換え

ロワールのお城巡り	au circuit des châteaux de la Loire オ スィルキュイ デ シャト ドゥ ロワール
ボルドーのシャトー巡り	au circuit des châteaux de Bordeaux オ スィルキュイ デ シャト ドゥ ボルド
ブルゴーニュのシャトー巡り	au circuit des châteaux de Bourgogne オ スィルキュイ デ シャト ドゥ ブルゴーニュ
ワインカーブ巡り	à la visite des caves de vin ア ラ ヴィズィットゥ デ キャーヴ ドゥ ヴァン
ヴェルサイユ観光ツアー	à la visite de Versailles ア ラ ヴィズィットゥ ドゥ ヴェルサイユ
美術館巡り	à la visite des musées ア ラ ヴィズィットゥ デ ミュゼ
世界遺産巡り	au circuit des patrimoines mondiaux オ スィルキュイ デ パトゥリモワンヌ モンディオ
クルーズ	au circuit en bateau オ スィルキュイ アン バト
サンマルタン運河巡り	au circuit Canal Saint-Martin オ スィルキュイ キャナル サン マルタン
セーヌ河岸巡り	au circuit quais de Seine オ スィルキュイ ケ ドゥ セーヌ

ツアーに参加するときの定番フレーズ

ホテルまで迎えに来てもらえますか。	**Est-ce que vous pouvez venir nous chercher à l'hôtel ?**
自由時間はありますか。	**Est-ce qu'on a du temps libre ?**
入場料は料金に含まれていますか。	**Est-ce que l'entrée aux sites est incluse dans le prix ?**
食事代は料金に含まれていますか。	**Est-ce que les repas sont inclus dans le prix ?**
集合場所はどこですか。	**On se donne rendez-vous où ?**
集合時間は何時ですか。	**On se donne rendez-vous à quelle heure ?**
帰りはどこで解散ですか。	**On se sépare où à la fin ?**

乗り物を利用する

乗り物のチケットを買う

① 回数券をください。

Un carnet, s'il vous plaît.
アン　キャルネ　スィル　ヴ　プレ

言い換え

切符1枚	un ticket アン　ティケ
往復1枚	un aller-retour アン　ナレ　ルトゥール
片道1枚	un aller simple アン　ナレ　サンプル
一等席	en première classe アン　プルミエール　クラッス
二等席	en seconde classe アン　スゴンドゥ　クラッス
大人1枚	un adulte アン　ナデュルトゥ
子供1枚	un enfant アン　ナンファン

メトロ、RERに乗るときの定番フレーズ

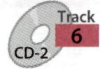

Track 6 CD-2

モンマルトルに行くのは何線ですか。	**Pour aller à Montmartre, c'est quelle ligne ?** プール アレ ア モンマルトゥル セ ケル リーニュ
6番線に乗りたいのですが。	**Je voudrais prendre la ligne six.** ジュ ヴドゥレ プランドゥル ラ リーニュ スィス
オデオンに行くのに乗り換えはありますか。	**Il y a un changement pour aller à Odéon ?** イリヤ アン シャンジュマン プール アレ ア オデオン
どこで乗り換えですか。	**On change de ligne où ?** オン シャンジュ ドゥ リーニュ ウ
シャルル・ド・ゴール空港行きはどのホームですか。	**Quel est le quai pour l'aéroport Charles de Gaulle ?** ケ レ ル ケ プール ラエロポール シャルル ドゥ ゴール
RERのA線一本で行けますか。	**On peut y aller directement avec le RER A ?** オン プ イ アレ ディレクトゥマン アヴェック ル エールウエール ア
この切符でヴェルサイユまで行けますか。	**On peut aller jusqu'à Versailles avec ce ticket ?** オン プ アレ ジュスカ ヴェルサイユ アヴェック ス ティケ

乗り物を利用する

バスに乗るときの定番フレーズ

Track 7 CD-2

バスの停留所はどこですか。
Où est l'arrêt de bus, s'il vous plaît ?
ウ エ ラレ ドゥ ビュス スィル ヴ プレ

このバスはデファンス行きですか。
Est-ce que ce bus va à la Défense ?
エ ス ク ス ビュス ヴァ ア ラ デファンス

サン・シュルピス教会に行くにはどこで降りたらいいですか。
Où est-ce qu'on descend pour aller à l'église Saint-Sulpice ?
ウ エ ス コン デッサン プール アレ ア レグリーズ サン スュルピス

アンヴァリッドまであといくつですか。
Les Invalides sont dans combien d'arrêts ?
レ ザンヴァリッドゥ ソン ダン コンビヤン ダレ

オルセー美術館に着いたら、教えていただけますか。
Pourriez-vous me dire quand on arrive au musée d'Orsay ?
プリエ ヴ ム ディール カン トン ナリーヴ オ ミュゼ ドルセー

空港行きの次のバスは何時ですか。
À quelle heure est le prochain bus pour l'aéroport ?
ア ケ ルール エ ル プロシャン ビュス プール ラエロポール

ドアを開けてください！
La porte, s'il vous plaît !
ラ ポルトゥ スィル ヴ プレ

降ります！
Je descends !
ジュ デッサン

[タクシーに乗る]

2 リヨン駅までお願いします。
Gare de Lyon, s'il vous plaît.
ギャール　ドゥ　リヨン　スィル　ヴ　プレ

言い換え

この住所	à cette adresse ア　セッ　タドゥレス
このホテル	à cet hôtel ア　セッ　トテル
オペラバスティーユ	à l'Opéra-Bastille ア　ロペラ　バスティーユ
オルリー空港	à l'aéroport d'Orly ア　ラエロポール　ドルリー
最寄りの病院	à l'hôpital le plus proche ア　ロピタル　ル　プリュ　プロッシュ
最寄りの警察署	au commissariat le plus proche オ　コミッサリヤ　ル　プリュ　プロッシュ

観光スポットで

チケットを買う

1. 大人1枚お願いします。
Un adulte, s'il vous plaît.
アン　ナデュルトゥ　スィル　ヴ　プレ

言い換え

学生2枚	**deux billets tarif étudiant** ドゥ　ビエ　タリフ　エテュディヤン
子供1枚	**un billet tarif enfant** アン　ビエ　タリフ　アンファン
シニア3枚	**trois billets tarif senior** トゥロワ　ビエ　タリフ　セニョール
特別展1枚	**une entrée pour l'exposition temporaire** ユ　ナントゥレ　プール　レックスポズィスィヨン　タンポレール
常設展1枚	**une entrée pour l'exposition permanente** ユ　ナントゥレ　プール　レックスポズィスィヨン　ペルマナントゥ

観光スポットで使う定番フレーズ

案内図をもらえますか。	**Je peux avoir un plan ?** ジュ ブ アヴォワール アン プラン
日本語の音声ガイドはありますか。	**Il y a un audioguide en japonais ?** イリヤ アン ノーディオギッドゥ アン ジャポネ
日本語のパンフレットはありますか。	**Vous avez une brochure en japonais ?** ヴ ザヴェ ユヌ ブロッシュール アン ジャポネ
手荷物預かり所はありますか。	**Il y a des consignes ?** イリヤ デ コンスィーニュ
ガイド付き見学は何時ですか。	**C'est à quelle heure, la visite guidée ?** セ タ ケ ルール ラ ヴィズィットゥ ギデ
見学はどのくらい時間がかかりますか。	**La visite dure à peu près combien de temps ?** ラ ヴィズィットゥ デュール ア プ プレ コンビヤン ドゥ タン

観光スポットで

|展覧会に行く|

Track 11 CD-2

② 特別展に行きたいのですが。
Je voudrais aller à l'exposition temporaire.
ジュ　ヴドゥレ　アレ　ア　レックスポズィスィヨン　タンポレール

言い換え

ルノワール展	**Renoir** ルノワール
ピカソ展	**Picasso** ピカソ
マイヨール展	**Maillol** マイヨル
ドアノー展	**Doisneau** ドワノ
常設展	**permanente** ペルマナントゥ
印象派展	**sur l'impressionnisme** スュール　ランプレッスィヨニスム
現代建築展	**sur l'architecture contemporaine** スュール　ラルシテクテュール　コンタンポレーヌ
アールヌーヴォー展	**sur l'Art Nouveau** スュール　ラール　ヌーヴォ
ドラクロワ素描展	**sur les dessins de Delacroix** スュール　レ　デッサン　ドゥ　ドゥラクロワ

❈美術館で❈

美術館で鑑賞に疲れたら、カフェで一息入れましょう。ルーブル、プティパレなど、趣のある建物の雰囲気をゆっくり味わいながら、お茶の時間を楽しむことが出来る美術館カフェがあります。

許可を得る

3 入ってもいいですか。

Je peux entrer ?
ジュ　プ　アントゥレ

言い換え

荷物を持って入っても	entrer avec mes bagages
	アントゥレ アヴェック メ バガージュ
再入場しても	entrer une deuxième fois
	アントゥレ ユヌ ドゥズィエム フォワ
触っても	toucher
	トゥシェ
ここに座っても	m'asseoir ici
	マッソワール イスィ

写真を撮る

4 写真を撮ってもいいですか。

Je peux prendre des photos ?
ジュ　プ　プランドゥル　デ　フォト

言い換え

ここで写真を撮っても	prendre des photos ici
	プランドゥル デ フォト イスィ
フラッシュを使っても	utiliser le flash
	ユティリゼ ル フラッシュ
ヴィデオに撮っても	prendre une vidéo
	プランドゥル ユヌ ヴィデオ

観光スポットで

写真を撮ってもらうときの定番フレーズ

写真を撮っていただけますか。　Est-ce que vous pouvez me prendre en photo ?
　　　　　　　　　　　　　　エ ス ク ヴ　プヴェ　ム プランドゥル アン フォト

一緒に写真を撮ってもいいですか。　Est-ce que je peux prendre une photo avec vous ?
　　　　　　　　　　　　　　　　エ ス ク ジュ プ プランドゥル ユヌ フォト アヴェック ヴ

ここを押してください。　Appuyez ici, s'il vous plaît.
　　　　　　　　　　　アピュイエ イスィスィル ヴ　プレ

もう1枚お願いできますか。　Est-ce que vous pouvez en prendre une autre ?
　　　　　　　　　　　　　エ ス ク ヴ　プヴェ アンプランドゥル ユ ノートゥル

これが入るように撮っていただけますか。　Est-ce que vous pouvez inclure ça sur la photo ?
　　　　　　　　　　　　　　　　　　　エ ス ク ヴ プヴェ アンクリュール サスュール ラ フォト

全体が入るように撮っていただけますか。　Est-ce que vous pouvez prendre l'ensemble ?
　　　　　　　　　　　　　　　　　　　エ ス ク ヴ　プヴェ プランドゥル ランサンブル

舞台を鑑賞するときの定番フレーズ

指定席ですか。	**Est-ce que les places sont numérotées ?**
当日券はありますか。	**Est-ce qu'on peut acheter des places le jour même ?**
その席からは舞台全体が見えますか。	**Est-ce qu'on voit toute la scène de ces places ?**
一番安い席でお願いします。	**Je voudrais le tarif le moins cher.**
正面席がいいのですが。	**Je voudrais des fauteuils qui font face à la scène.**
通路の横の席がいいのですが。	**Je voudrais un siège à côté du couloir.**
隣り合わせで座りたいのですが。	**On voudrait s'asseoir côte à côte.**

観光スポットで

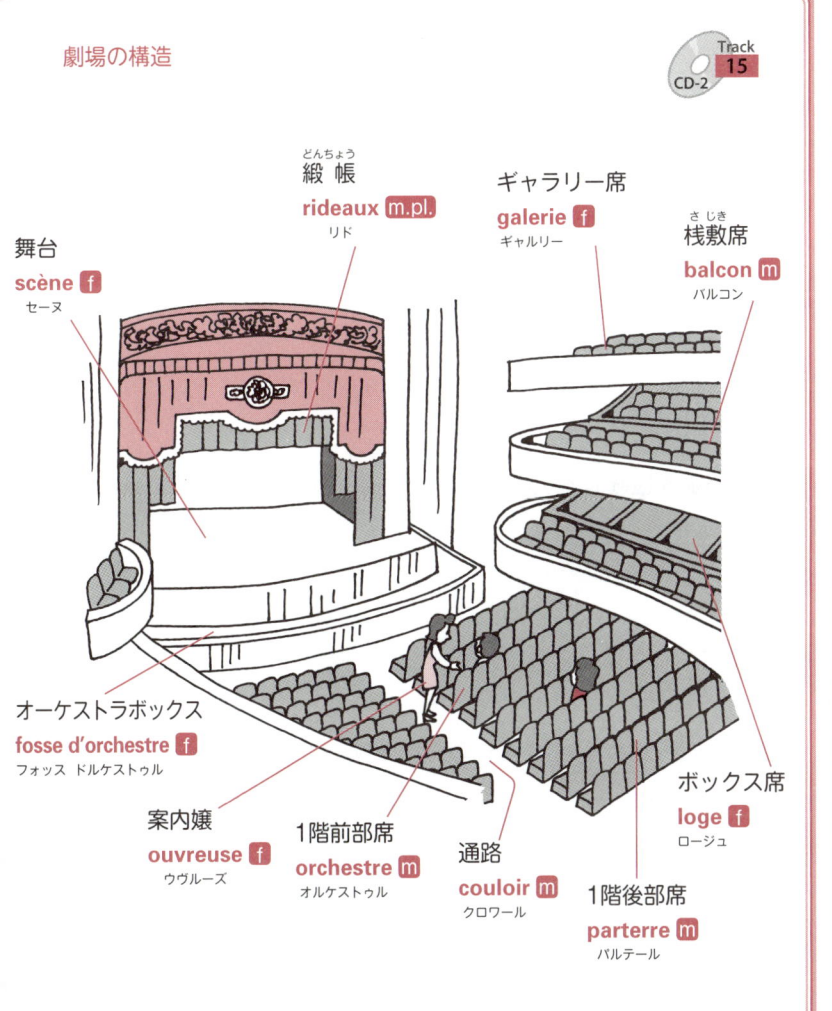

劇場の構造

- 緞帳（どんちょう） **rideaux** m.pl. リド
- ギャラリー席 **galerie** f ギャルリー
- 桟敷席（さじき） **balcon** m バルコン
- 舞台 **scène** f セーヌ
- オーケストラボックス **fosse d'orchestre** f フォッス ドルケストゥル
- 案内嬢 **ouvreuse** f ウヴルーズ
- 1階前部席 **orchestre** m オルケストゥル
- 通路 **couloir** m クロワール
- 1階後部席 **parterre** m パルテール
- ボックス席 **loge** f ロージュ

映画を見るときの定番フレーズ

この映画には誰が出ていますか。	**Qui est-ce qui joue dans ce film ?**
原語版ですか。	**C'est en version originale ?**
どこの映画館で上映していますか。	**Le film passe dans quelles salles ?**
上映時間はどれくらいですか。	**Le film dure combien de temps ?**
次の上映は何時からですか。	**La prochaine séance est à quelle heure ?**
入場料はいくらですか。	**L'entrée est à combien ?**
割引がある上映回はありますか。	**Est-ce qu'il y a des séances où on a des réductions ?**

トラブル編

　旅行中、紛失や盗難などのトラブルに遭った時、フランス語で助けを求めたり、説明しなくてはならない状況に置かれることがあります。ここでは、そのような場面で使える表現を紹介しています。

トラブルに直面！

とっさの一言

助けて！	**Au secours !** オ スクール
やめてください！	**Arrêtez !** アレッテ
痛いです！	**Ça fait mal !** サ フェ マル
はなせ！	**Lâchez-moi !** ラシェ モワ
泥棒！	**Au voleur !** オ ヴォルール
火事だ！	**Au feu !** オ フ
来てください！	**Venez !** ヴネ
気をつけて！	**Attention !** アタンスィヨン
危ないですよ！	**C'est dangereux !** セ ダンジュル
ごめんなさい！	**Excusez-moi !** エクスキュゼ モワ

トラブルに直面！

助けを呼ぶ

1 警察を呼んで！
Appelez la police !
アプレ　　ラ　　ポリス

言い換え

医者	un médecin アン　メドゥサン
救急車	une ambulance ユ　　ナンビュランス
家族	ma famille マ　ファミーユ
ガイド	mon (ma) guide モン　(マ)　ギッドゥ
日本語がわかる人	quelqu'un qui parle japonais ケルカン　キ　パルル　ジャポネ
誰か	quelqu'un ケルカン

[盗難に遭ったとき]

2 道でひったくりに遭いました。
On m'a volé dans la rue.
オン　マ　ヴォレ　ダン　ラ　リュ

言い換え

メトロでスリに遭いました	piqué mes affaires dans le métro ピケ　メ　ザフェール　ダン　ル　メトゥロ
恐喝されました	menacé(e) ムナッセ
乱暴されました	brutalisé(e) ブリュタリゼ
騙されました	escroqué(e) エスクロッケ

❖ 盗難にそなえて ❖

　ここ数年、iPhone、携帯電話をひったくられるケースが目に見えて増えています。地下鉄の中や道で歩きながら電話を使用していると目をつけられる恐れがあります。周りへの注意を怠らないようにしましょう。

トラブルに直面！

③ バッグを盗まれました。

On m'a volé mon sac.
オン　マ　ヴォレ　モン　サック

言い換え

クレジットカード	**ma carte de crédit** マ　キャルトゥ　ドゥ　クレディ
携帯電話	**mon portable** モン　ポルターブル
iPad	**mon iPad** モン　ナイパッドゥ
財布	**mon portefeuille** モン　ポルトゥフイユ
お金	**mon argent** モン　ナルジャン

紛失したとき

④ パスポートをなくしました。

J'ai perdu mon passeport.
ジェ　ペルデュ　モン　パスポール

言い換え

航空券	**mon billet d'avion** モン　ビエ　ダヴィヨン
パソコン	**mon ordinateur** モン　ノルディナトゥール
書類鞄	**ma serviette** マ　セルヴィエットゥ
腕時計	**ma montre** マ　モントゥル
鍵	**mes clés** メ　クレ

連絡を頼む

5 日本大使館に連絡をしていただけますか。

Est-ce que vous pouvez téléphoner à l'ambassade du Japon?
エ ス ク ヴ プヴェ テレフォネ ア ランバサッドゥ デュ ジャポン

言い換え

ホテル	**l'hôtel** ロテル	
警察	**la police** ラ ポリス	
家族	**ma famille** マ ファミーユ	
ガイド	**mon (ma) guide** モン (マ) ギッドゥ	
病院	**l'hôpital** ロピタル	
旅行代理店	**l'agence de voyage** ラジャンス ドゥ ヴォワイヤージュ	
私	**Est-ce que vous pouvez me téléphoner ?** エ ス ク ヴ プヴェ ム テレフォネ	

> 私に連絡をしていただけますか。

トラブルに直面！

トラブルに遭ったときの定番フレーズ

Track 21 CD-2

日本語（英語）が話せる人はいませんか。	**Il y a quelqu'un qui parle japonais (anglais) ?** イリヤ ケルカン キ パルル ジャポネ （アングレ）
どうしたらいいですか。	**Qu'est-ce que je dois faire ?** ケ ス ク ジュ ドワ フェール
どこに行けばいいですか。	**Où est-ce que je dois aller ?** ウ エ ス ク ジュ ドワ アレ
日本大使館に連れて行ってくださいませんか。	**Vous pouvez m'emmener à l'ambassade du Japon ?** ヴ プヴュ マンムネ ア ランバサッドゥ デュ ジャポン
電話を貸してもらえますか。	**Est-ce que je peux emprunter le téléphone ?** エ ス ク ジュ プ アンプランテ ル テレフォンヌ
私がしたのではありません。	**Ce n'est pas moi.** ス ネ パ モワ
フランス語がわかりません。	**Je ne comprends pas le français.** ジュ ヌ コンプラン パ ル フランセ

盗難に遭ったとき・紛失したときの定番フレーズ

警察はどこですか。	**Où est la Police ?** ウ エ ラ ポリス
盗難届に来ました。	**Je viens faire une déclaration de vol.** ジュヴィヤン フェール ユヌ デクララスィヨン ドゥヴォル
盗難届の証明書をいただけますか。	**Je peux avoir une attestation de déclaration de vol ?** ジュ プ アヴォワール ユ ナテスタスィヨン ドゥ デクララスィヨン ドゥヴォル
紛失物の届け出です。	**C'est pour une déclaration de perte.** セ プール ユヌ デクララスィヨン ドゥ ペルトゥ
バッグの中には、クレジットカード、現金、携帯が入っていました。	**Il y avait ma carte de crédit, de l'argent et mon portable.** イリヤヴェマ キャルトゥ ドゥ クレディ ドゥ ラルジャン エ モン ポルタブル
見つかったらここに連絡していただけますか。	**Vous pouvez me contacter ici si vous retrouvez l'objet ?** ヴ プヴェ ム コンタクテ イスィ スィ ヴ ルトゥルヴェ ロブジェ
クレジットカードを無効にしたいです。	**Je voudrais faire opposition.** ジュ ヴドゥレ フェール オポズィスィヨン

事故に遭ったとき・けがをしたときの定番フレーズ

転びました。	**Je suis tombé(e).** ジュ スュイ トンベ
けがをしました。	**Je me suis blessé(e).** ジュ ム スュイ ブレッセ
車の事故に遭いました。	**J'ai eu un accident de voiture.** ジェ ユ アン ナクスィダン ドゥ ヴォワテュール
車にぶつけられました。	**J'ai été accroché(e) par une voiture.** ジェ エテ アクロッシェ パール ユヌ ヴォワテュール
私を病院に連れて行ってください。	**Vous pouvez m'emmener à l'hôpital, s'il vous plaît ?** ヴ プヴェ マンムネ ア ロピタル スィル ヴ プレ
ここが痛いです。	**J'ai mal ici.** ジェ マル イスィ
保険に入っています。	**Je suis assuré(e).** ジュ スュイ アスュレ

病院で

発症時期を伝える

1 昨日からです。
C'est depuis hier.
セ ドゥピュイ イエール

言い換え

今朝	ce matin ス マタン
数日前	quelques jours ケルク ジュール
先週	la semaine dernière ラ スメーヌ デルニエール
先程	tout à l'heure トゥ タ ルール

医者に言われる

2 入院しなければいけません。
Il faut vous faire hospitaliser.
イル フォ ヴ フェール オスピタリゼ

言い換え

点滴を	faire une instillation フェール ユ ナンスティラスィヨン
麻酔を	anesthésier アネステズィエ
手術を	faire une opération フェール ユ ノペラスィヨン
薬を飲む	prendre des médicaments プランドゥル デ メディカマン

病院で

病院で使う定番フレーズ

日本語が話せる医者はいますか。	Il y a un médecin qui parle japonais ? イリヤ アン メドゥサン キ パルル ジャポネ
気分が悪いです。	Je me sens mal. ジュ ム サン マル
お腹が痛いです。	J'ai mal au ventre. ジェ マル オ ヴァントゥル
熱があります。	J'ai de la fièvre. ジェ ドゥ ラ フィエーヴル
薬アレルギーがあります。	J'ai une allergie à certains médicaments. ジェ ユ ナレルジ ア セルタン メディカマン
妊娠中です。	Je suis enceinte. ジュ スュイ アンサントゥ
強い薬は服用したくありません。	Je ne veux pas prendre des médicaments forts. ジュ ヌ ヴ パ プランドゥル デ メディカマン フォール
診断書をいただけますか。	Je peux avoir un certificat médical ? ジュ プ アヴォワール アン セルティフィカ メディカル

[薬を買う]

3 この薬をください。

Je voudrais ce médicament.
ジュ　ヴドゥレ　ス　メディカマン

言い換え

痛み止め	**un médicament anti-douleur**
	アン　メディカマン　アンティ　ドゥルール
頭痛薬	**un médicament contre les maux de tête**
	アン　メディカマン　コントゥル　レ　モ　ドゥ　テットゥ
風邪薬	**un médicament contre la grippe**
	アン　メディカマン　コントゥル　ラ　グリップ
解熱剤	**un médicament contre la fièvre**
	アン　メディカマン　コントゥル　ラ　フィエーヴル
消毒液	**de l'antiseptique**
	ドゥ　ランティセプティック
(乗り物) 酔い止め	**un médicament contre le mal de transport**
	アン　メディカマン　コントゥル　ル　マル　ドゥ　トゥランスポール

病院で

薬の飲み方の説明

4 1日3回飲んでください。

Prenez trois fois par jour.
プルネ　　トゥロワ　フォワ　パール　ジュール

言い換え

食前に	avant le repas アヴァン　ル　ルパ
食後に	après le repas アプレ　ル　ルパ
空腹時に	à jeun ア　ジャン
寝る前に	avant de vous coucher アヴァン　ドゥ　ヴ　クッシェ
コップ1杯の水と一緒に	avec un verre d'eau アヴェック　アン　ヴェール　ド

薬を飲むときの定番フレーズ

Track 27 CD-2

何日続けて飲めばいいですか。
Il faut en prendre combien de jours ?
イル　フォ　アン　プランドゥル　コンビヤン　ドゥ　ジュール

この薬は眠くなりますか。
Est-ce que ce médicament provoque la somnolence ?
エ　ス　ク　ス　メディカマン　プロヴォックラ　ソムノランス

これは強い薬ですか。
C'est un médicament fort ?
セ　タン　メディカマン　フォール

副作用はありますか。
Est-ce qu'il y a des effets secondaires ?
エ　ス　キ　リ　ヤ　デ　ゼフェ　スゴンデール

身体部位の単語

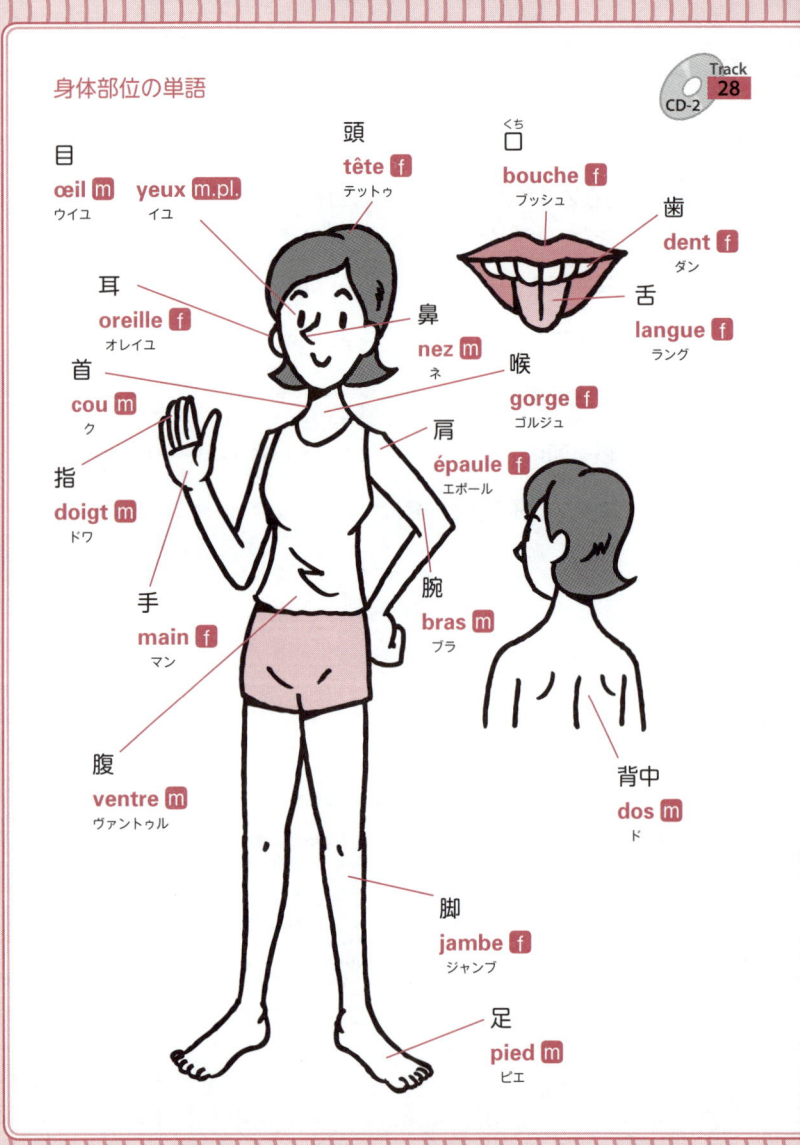

- 目 **œil** m ウイユ / **yeux** m.pl. イユ
- 頭 **tête** f テットゥ
- 口 **bouche** f ブッシュ
- 歯 **dent** f ダン
- 耳 **oreille** f オレイユ
- 鼻 **nez** m ネ
- 舌 **langue** f ラング
- 首 **cou** m ク
- 喉 **gorge** f ゴルジュ
- 肩 **épaule** f エポール
- 指 **doigt** m ドワ
- 腕 **bras** m ブラ
- 手 **main** f マン
- 腹 **ventre** m ヴァントゥル
- 背中 **dos** m ド
- 脚 **jambe** f ジャンブ
- 足 **pied** m ピエ

# すぐに使える 旅単語集500

シーンごとに、役立つ単語をまとめました。旅先の様々なシーンで使える単語がすぐに見つかります。

機内・空港編

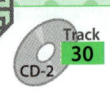

- [ ] 座席
  siège m
  スィエージュ

- [ ] 窓側の席
  siège côté fenêtre m
  スィエージュ コテ フネートゥル

- [ ] 通路側の席
  siège côté couloir m
  スィエージュ コテ クロワール

- [ ] お手洗い
  toilettes f.pl.
  トワレットゥ

- [ ] 非常口
  sortie de secours f
  ソルティ ドゥ スクール

- [ ] 毛布
  couverture f
  クヴェルテュール

- [ ] 日本の新聞
  journal japonais m
  ジュルナル ジャポネ

- [ ] 日本の雑誌
  magazine japonais m
  マガズィーヌ ジャポネ

- [ ] 離陸
  décollage m
  デコラージュ

- [ ] 着陸
  atterrissage m
  アテリッサージュ

- [ ] 出発
  départ m
  デパール

- [ ] 到着
  arrivée f
  アリヴェ

- [ ] 出発時刻
  heure de départ f
  ウール ドゥ デパール

- [ ] 到着時刻
  heure d'arrivée f
  ウール ダリヴェ

- [ ] 現地時間
  heure locale f
  ウール ロカル

- [ ] 飛行時間
  durée de vol f
  デュレ ドゥ ヴォル

- [ ] 時差
  décalage horaire m
  デカラージュ オレール

- [ ] 目的地
  destination f
  デスティナスィヨン

- [ ] 気温
  température f
  タンペラテュール

- [ ] 定刻
  à l'heure
  ア ルール

すぐに使える旅単語集500

- [ ] 遅延
  en retard
  アン　ルタール

- [ ] 空港
  aéroport **m**
  アエロポール

- [ ] チェックインカウンター
  comptoir d'enregistrement **m**
  コントワール　ダンルジストゥルマン

- [ ] 航空券
  billet d'avion **m**
  ビエ　ダヴィヨン

- [ ] 搭乗口
  porte d'embarquement **f**
  ポルトゥ　ダンバルクマン

- [ ] 搭乗券
  carte d'embarquement **f**
  キャルトゥ　ダンバルクマン

- [ ] 便名
  numéro de vol **m**
  ニュメロ　ドゥ ヴォル

- [ ] 便の変更
  changement de vol **m**
  シャンジュマン　ドゥ ヴォル

- [ ] 乗り継ぎ
  correspondance **f**
  コレスポンダンス

- [ ] 入国審査
  contrôle de passeport **m**
  コントゥロル　ドゥ　パスポール

- [ ] 出国審査
  contrôle de sortie **m**
  コントゥロル　ドゥ　ソルティ

- [ ] 税関
  douane **f**
  ドゥアンヌ

- [ ] 税関申告書
  déclaration douanière **f**
  デクララスィヨン　ドゥアニエール

- [ ] 持ち込み禁止品
  objets interdits en cabine **m.pl.**
  オブジェ　アンテルディ　アン　キャビヌ

- [ ] パスポート
  passeport **m**
  パスポール

- [ ] 姓名
  nom **m** et prénom **m**
  ノン　エ　プレノン

- [ ] 国籍
  nationalité **f**
  ナスィヨナリテ

- [ ] 居住国
  pays de domicile **m**
  ペイ　ドゥ　ドミスィル

- [ ] ターンテーブル
  tapis bagages **m**
  タピ　バガージュ

- [ ] 荷物受取所
  service bagages **m**
  セルヴィス　バガージュ

宿泊編

- ホテル
  hôtel m
  オテル

- フロント
  réception f
  レセプシィヨン

- ロビー
  hall m
  オール

- エレベーター
  ascenseur m
  アッサンスール

- エスカレーター
  escalator m
  エスカラトール

- 階段
  escalier m
  エスカリエ

- 中庭
  cour f
  クール

- 予約
  réservation f
  レゼルヴァシィヨン

- キャンセル
  annulation f
  アニュラシィヨン

- チェックイン
  check-in m
  チェック イン

- チェックアウト
  check-out m
  チェック アウトゥ

- 料金
  tarif m
  タリフ

- ホテルの部屋
  chambre d'hôtel f
  シャンブル ドテル

- シングルルーム
  chambre simple f
  シャンブル サンプル

- ダブルルーム
  chambre double f
  シャンブル ドゥブル

- トリプルルーム
  chambre triple f
  シャンブル トゥリブル

- 喫煙ルーム
  chambre fumeurs f
  シャンブル フュムール

- 禁煙ルーム
  chambre non-fumeurs f
  シャンブル ノン フュムール

- バスルーム
  salle de bains f
  サル ドゥ バン

- シャワー
  douche f
  ドゥーシュ

- [ ] テレビ
  télévision f
  テレヴィズィヨン

- [ ] エアコン
  climatiseur m
  クリマティズール

- [ ] ミニバー
  minibar m
  ミニバール

- [ ] ベッド
  lit m
  リ

- [ ] 枕
  oreiller m
  オレイエ

- [ ] 毛布
  couverture f
  クヴュルテュール

- [ ] シーツ
  draps m.pl.
  ドゥラ

- [ ] 鍵
  clé f
  クレ

- [ ] 1階
  rez-de-chaussée m
  レ ドゥ ショッセ

- [ ] 2階
  premier étage m
  プルミエ エタージュ

- [ ] 3階
  deuxième étage m
  ドゥズィエム エタージュ

- [ ] 最上階
  dernier étage m
  デルニエ エタージュ

- [ ] 朝食
  petit déjeuner m
  プティ デジュネ

- [ ] 昼食
  déjeuner m
  デジュネ

- [ ] 夕食
  dîner m
  ディネ

- [ ] コーヒーラウンジ
  cafeteria f
  キャフェテリヤ

- [ ] バー
  bar m
  バール

- [ ] サウナ
  sauna m
  ソーナ

- [ ] トレーニングジム
  salle de gym f
  サル ドゥ ジム

- [ ] プール
  piscine f
  ピスィヌ

飲食編

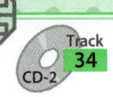

〈前菜〉

☐ オニオングラタンスープ
gratinée à l'oignon **f**
グラティネ ア ロニョン

☐ クリームチーズのスフレ
soufflé au fromage frais **m**
スフレ オ フロマージュ フレ

☐ ベーコンとクルミ入りサラダ
salade aux lardons et noix **f**
サラドゥ オ ラルドン エ ノワ

☐ シャンピニオンのヴルテ
velouté de champignons crémeux **m**
ヴルテ ドゥ シャンピニョン クレム

☐ サーモンのマリネ
saumon cru à l'aneth **m**
ソーモン クリュ ア ラネットゥ

☐ ホタテ貝のラビオル
ravioles de Saint-Jacques **f.pl.**
ラヴィオール ドゥ サン ジャック

☐ マスのフラン　ポルト酒風味ソース
flan de truite sauce au porto **m**
フランドゥ トゥリュイットゥ ソース オ ポルト

☐ 魚のテリーヌ　オーシャン風
terrine de poissons océane **f**
テリーヌ ドゥ ポワッソン オセアンヌ

☐ 牡蠣のタルタル　オレンジ風味
tartare d'huîtres aux oranges **m**
タルタール デュイートゥル オ ゾランジュ

☐ 鶏のサラダ仕立て　田園風
salade de volaille champêtre **f**
サラドゥ ドゥ ヴォライユ シャンペートゥル

☐ レンズ豆のクリームスープ
crème de lentilles **f**
クレーム ドゥ ランティーユ

☐ 野菜とベーコンのポタージュ
potage cultivateur **m**
ポタージュ キュルティヴァトゥール

☐ トマトのクリームポタージュ　バジリコ風味
crème de tomate au basilic **f**
クレーム ドゥ トマットゥ オ バズィリック

☐ ムール貝のファルシ　ブルゴーニュ風
moules farcies à la bourguignonne **f.pl.**
ムール ファルスィ ア ラ ブルギニョンヌ

☐ 季節の野菜のゼリー寄せ
légumes de saison en gelée **m.pl.**
レギューム ドゥ セゾン アン ジュレ

☐ スモークサーモンのムース
mousse de saumon fumé **f**
ムース ドゥ ソーモン フュメ

☐ ハーブオムレツ
omelette aux fines herbes **f**
オムレットゥ オ フィーヌ ゼルブ

☐ 野菜のマセドワーヌ
macédoine de légumes **f**
マセドワンヌ ドゥ レギューム

☐ キッシュロレーヌ
quiche lorraine **f**
キッシュ ロレーヌ

☐ ブダン・ノワール
boudin noir **m**
ブダン ノワール

〈主菜〉

- [ ] スズキのポシェ　白ワインソース
  filets de bar pochés sauce vin blanc **m.pl.**
  フィレ ドゥ バール ポシェ ソース ヴァン ブラン

- [ ] 舌平目のフィレ
  filets de sole **m.pl.**
  フィレ ドゥ ソール

- [ ] 鮭のグリエ
  darnes de saumon grillées **f.pl.**
  ダルヌ ドゥ ソーモン グリエ

- [ ] 鯛のアニス風味
  filets de daurade à l'anis **m.pl.**
  フィレ ドゥ ドラッドゥ ア ラニス

- [ ] 真鯛のポワレ　タプナード添え
  poêlée de daurade à la tapenade **f**
  ポワレ ドゥ ドラッドゥ ア ラ タプナードゥ

- [ ] スズキのピカタ　香草風味
  picata de bar aux herbes **m**
  ピカタ ドゥ バール オ ゼルブ

- [ ] タラと茸のグラタン
  gratinée de cabillaud et champignons **f**
  グラティネドゥ キャビヨ エ シャンピニオン

- [ ] ひらめのヴァプール　白ワインソース
  turbot à la vapeur sauce vin blanc **m**
  テュルボ ア ラ ヴァプール ソース ヴァン ブラン

- [ ] ホタテ貝のロールキャベツ
  roulé de Saint-Jacques au chou **m**
  ルレ ドゥ サン ジャック オ シュ

- [ ] 若鶏のポシェ　シュープレームソース
  poularde pochée sauce suprême **f**
  プラールドゥ ポシェ ソース スュプレーム

- [ ] 子牛のエスカロップ
  escalopes de veau **f.pl.**
  エスカロップ ドゥ ヴォ

- [ ] 仔羊の肩肉のロースト
  épaule d'agneau rôtie **f**
  エポール ダニョ ロティ

- [ ] 子牛のポピエット
  paupiettes de veau **f.pl.**
  ポピエットゥ ドゥ ヴォ

- [ ] 牛フィレ肉のパイ包み焼き
  filet de bœuf en croûte **m**
  フィレ ドゥ ブフ アン クルットゥ

- [ ] 若鶏のガランティーヌ
  galantine de volaille **f**
  ギャランティーヌ ドゥ ヴォライユ

- [ ] 茄子とトマトのグラタン
  gratin à l'aubergine et à la tomate **m**
  グラタン ア ロベルジヌ エ ア ラ トマットゥ

- [ ] ホロホロ鳥のもも肉ロースト
  cuisse de pintade rôtie **f**
  キュイッス ドゥ パンタードゥ ロティ

- [ ] 鶏の胸肉トマトソース煮
  blanc de poulet à la sauce tomate **m**
  ブラン ドゥ プレ ア ラ ソース トマットゥ

- [ ] 仔羊肩ロースのペルシャード
  persillade d'agneau **f**
  ペルスィヤードゥ ダニョ

- [ ] 牛ロース肉の炭火焼
  côte de bœuf grillée au charbon **f**
  コットゥ ドゥ ブフ グリエ オ シャルボン

飲食編

〈地方料理〉

- □ ウサギのプラム煮込み
  lapin aux pruneaux **m**
  ラパン オ プリュノ

- □ ポトフ
  pot-au-feu **m**
  ポ ト フ

- □ 鴨のルーアン風
  canard à la rouennaise **m**
  キャナール ア ラ ルアネーズ

- □ 羊のもも肉プレサレのロースト
  gigot de pré-salé rôti **m**
  ジゴ ドゥ プレ サレ ロティ

- □ ヴィールのアンドゥイユ
  andouille de Vire **f**
  アンドゥイユ ドゥ ヴィール

- □ アーティチョークのレンヌ風
  artichauts à la rennaise **m.pl.**
  アルティショ ア ラ レネーズ

- □ スズキのゲランド塩包み焼き
  bar en croûte de sel de Guérande **m**
  バール アン クルトゥ ドゥ セル ドゥ ゲランドゥ

- □ ヤギのフレッシュチーズのパイ
  tourte au fromage frais de chèvre **f**
  トゥルトゥ オ フロマージュ フレ ドゥ シェーヴル

- □ リブロースのグリル　ボルドー風
  entrecôte grillée bordelaise **f**
  アントゥルコットゥ グリエ ボルドゥレーズ

- □ トゥールーズのカスレ
  cassoulet de Toulouse **m**
  キャスレ ドゥ トゥルーズ

- □ ブッフブルギニョン
  bœuf bourguignon **m**
  ブフ ブルギニョン

- □ 若鶏の赤ワイン煮込み
  coq au vin **m**
  コ コ ヴァン

- □ エスカルゴのブルゴーニュ風
  escargots à la bourguignonne **m.pl.**
  エスカルゴ ア ラ ブルギニョンヌ

- □ オーベルニュ風煮込み
  potée auvergnate **f**
  ポテ オヴェルニャットゥ

- □ シュークルート
  choucroute **f**
  シュークルットゥ

- □ クネル　ソースナンチュア
  quenelles nantua **f.pl.**
  クネール ナンテュア

- □ ドフィネ地方のグラタン
  gratin dauphinois **m**
  グラタン ドフィノワ

- □ ニンニクとバジル入り野菜スープ
  soupe au pistou **f**
  スープ オ ピストゥ

- □ ニース風サラダ
  salade niçoise **f**
  サラドゥ ニソワーズ

- □ ブイヤベース
  bouillabaisse **f**
  ブイヤベース

〈チーズ〉

- [ ] ブルー・ドヴェルニュ
  bleu d'Auvergne **m**
  ブル　　ドヴェルニュ

- [ ] クーロミエ
  coulommiers **m**
  クロミエ

- [ ] カンタル
  cantal **m**
  カンタル

- [ ] モン・ドール
  mont d'or **m**
  モン　　ドール

- [ ] マンステール
  munster **m**
  マンステール

- [ ] ポン・レヴェック
  pont l'évêque **m**
  ポン　　レヴェック

- [ ] サン・ネクテール
  saint-nectaire **m**
  サン　　ネクテール

- [ ] ルブロション
  reblochon **m**
  ルブロション

- [ ] クロタン・ド・シャヴィニョル
  crottin de Chavignol **m**
  クロタン　ドゥ　シャヴィニョール

- [ ] トム・ド・シェーヴル
  tomme de chèvre **f**
  トム　ドゥ　シェーヴル

〈デザート〉

- [ ] ウフ・ア・ラ・ネージュ
  œuf à la neige **m**
  ウフ　ア　ラ　ネージュ

- [ ] コーヒームース
  mousse au café **f**
  ムース　　オ　キャフェ

- [ ] ヴァニラアイスクリーム
  glace à la vanille **f**
  グラス　ア　ラ　ヴァニーユ

- [ ] クラフティ
  clafoutis **m**
  クラフティ

- [ ] ブランマンジェ
  blanc-manger **m**
  ブラン　　マンジェ

- [ ] 桃のコンポート
  compote de pêche **f**
  コンポットゥ　ドゥ　ペッシュ

- [ ] グレープフルーツのゼリー
  gelée de pamplemousse **f**
  ジュレ　ドゥ　パンプルムース

- [ ] コアントロー風味のスフレ
  soufflé au cointreau **m**
  スフレ　　オ　コワントゥロ

- [ ] フォンダン・オ・ショコラ
  fondant au chocolat **m**
  フォンダン　オ　ショコラ

- [ ] リンゴのクランブル
  crumble aux pommes **m**
  クランブル　オ　ポム

飲食編

〈味付け〉

- [ ] 甘い
  sucré(e)
  スュクレ

- [ ] 塩からい
  salé(e)
  サレ

- [ ] スパイシー
  épicé(e)
  エピッセ

- [ ] 酸っぱい
  acide
  アスィッドゥ

- [ ] 苦い
  amer／amère
  アメール　アメール

- [ ] 辛い
  piquant(e)
  ピカン　（トゥ）

- [ ] 胡椒をきかせた
  poivré(e)
  ポワヴレ

- [ ] 酢で味をつけた
  vinaigré(e)
  ヴィネグレ

- [ ] 香りを付けた
  parfumé(e)
  パルフュメ

- [ ] 脂っこい
  gras(se)
  グラ(ッス)

〈調理法〉

- [ ] 揚げた
  frit(e)
  フリ(ットゥ)

- [ ] 炒めた
  poêlé(e)
  ポワレ

- [ ] オーブンで焼いた
  cuit(e) au four
  キュイ(ットゥ) オ　フール

- [ ] グリルした
  grillé(e)
  グリエ

- [ ] ローストした
  rôti(e)
  ロティ

- [ ] 蒸し煮した
  braisé(e)
  ブレゼ

- [ ] 蒸した
  à la vapeur
  ア　ラ　ヴァプール

- [ ] マリネした
  mariné(e)
  マリネ

- [ ] 薫製にした
  fumé(e)
  フュメ

- [ ] 詰め物をした
  farci(e)
  ファルスィ

〈調味料〉

- □ 塩
  sel m
  セル

- □ 砂糖
  sucre m
  スュクル

- □ 胡椒
  poivre m
  ポワーヴル

- □ 酢
  vinaigre m
  ヴィネーグル

- □ バルサミコ酢
  vinaigre balsamique m
  ヴィネーグル　バルサミック

- □ しょうゆ
  sauce de soja f
  ソース　ドゥ　ソジャ

- □ マスタード
  moutarde f
  ムタルドゥ

- □ バター
  beurre m
  ブール

- □ オリーブオイル
  huile d'olive f
  ユイル　ドリーヴ

- □ マヨネーズ
  mayonnaise f
  マヨネーズ

〈ファーストフード〉

- □ ハンバーガー
  hamburger m
  アンビュルゲール

- □ フライドポテト
  frites f.pl.
  フリットゥ

- □ マフィン
  muffin m
  マフィン

- □ ピザ
  pizza f
  ピッザ

- □ ケバブ
  kebab m
  ケバップ

- □ フライドチキン
  ailes de poulet f.pl.
  エル　ドゥ　プレ

- □ ギリシア風サンドウィッチ
  sandwich grec m
  サンドゥウィッチュ　グレック

- □ パニーニ
  panini m
  パニニ

- □ ガレット
  galette f
  ギャレットゥ

- □ クレープ
  crêpe f
  クレープ

飲食編

〈食材〉 肉

- [ ] 牛肉
  bœuf m
  ブフ

- [ ] 子牛肉
  veau m
  ヴォ

- [ ] 豚肉
  porc m
  ポール

- [ ] 羊肉
  mouton m
  ムトン

- [ ] 仔羊肉
  agneau m
  アニョ

- [ ] 鶏肉
  poulet m
  プレ

- [ ] ウサギ肉
  lapin m
  ラパン

- [ ] 鴨肉
  canard m
  キャナール

- [ ] ソーセージ
  saucisse f
  ソスィッス

- [ ] ハム
  jambon m
  ジャンボン

〈食材〉 魚介類

- [ ] 牡蠣(かき)
  huître f
  ユイートゥル

- [ ] ムール貝
  moule f
  ムール

- [ ] ホタテ貝
  coquille Saint-Jacques f
  コキーユ サン ジャック

- [ ] 小エビ
  crevette f
  クルヴェットゥ

- [ ] マグロ
  thon m
  トン

- [ ] サケ
  saumon m
  ソーモン

- [ ] タラ
  cabillaud m
  キャビヨ

- [ ] スズキ
  bar m
  バール

- [ ] タイ
  daurade f
  ドラッドゥ

- [ ] シタビラメ
  sole f
  ソール

〈食材〉野菜

- [ ] ジャガイモ
  pomme de terre **f**
  ポム　ドゥ　テール

- [ ] タマネギ
  oignon **m**
  オニョン

- [ ] ニンジン
  carotte **f**
  キャロットゥ

- [ ] キュウリ
  concombre **m**
  コンコンブル

- [ ] キャベツ
  chou **m**
  シュ

- [ ] トマト
  tomate **f**
  トマットゥ

- [ ] 茄子
  aubergine **f**
  オベルジンヌ

- [ ] ピーマン
  poivron **m**
  ポワヴロン

- [ ] アスパラガス
  asperge **f**
  アスペルジュ

- [ ] ズッキーニ
  courgette **f**
  クルジェットゥ

〈食材〉果物

- [ ] リンゴ
  pomme **f**
  ポム

- [ ] オレンジ
  orange **f**
  オランジュ

- [ ] モモ
  pêche **f**
  ペッシュ

- [ ] イチゴ
  fraise **f**
  フレーズ

- [ ] サクランボ
  cerise **f**
  スリーズ

- [ ] 杏
  abricot **m**
  アブリコ

- [ ] ブドウ
  raisin **m**
  レザン

- [ ] フランボワーズ
  framboise **f**
  フランボワーズ

- [ ] イチジク
  figue **f**
  フィッグ

- [ ] ブルーベリー
  myrtille **f**
  ミルティーユ

買い物編

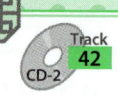

〈店舗〉

- [ ] 市場
  marché **m**
  マルシェ

- [ ] デパート
  grand magasin **m**
  グラン　マガザン

- [ ] スーパーマーケット
  supermarché **m**
  スューペルマルシェ

- [ ] 食料品店
  magasin d'alimentation **m**
  マガザン　ダリマンタスィヨン

- [ ] 惣菜屋
  traiteur **m**
  トゥレトゥール

- [ ] パン屋
  boulangerie **f**
  ブランジュリ

- [ ] ケーキ屋
  pâtisserie **f**
  パティッスリ

- [ ] チョコレート専門店
  chocolaterie **f**
  ショコラットゥリ

- [ ] チーズ専門店
  fromagerie **f**
  フロマジュリ

- [ ] 靴屋
  magasin de chaussures **m**
  マガザン　ドゥ　ショスュール

- [ ] 鞄屋
  maroquinerie **f**
  マロキヌリ

- [ ] 化粧品店
  magasin de produits de beauté **m**
  マガザン　ドゥ　プロデュイ　ドゥ　ボテ

- [ ] 宝飾店
  bijouterie **f**
  ビジュットゥリ

- [ ] 花屋
  fleuriste **m**
  フルリストゥ

- [ ] 本屋
  librairie **f**
  リブレリ

- [ ] 文具店
  papeterie **f**
  パペトゥリ

- [ ] 玩具屋
  magasin de jouets **m**
  マガザン　ドゥ　ジュエ

- [ ] 土産物屋
  magasin de souvenirs **m**
  マガザン　ドゥ　スヴニール

- [ ] キオスク
  kiosque **m**
  キヨスク

- [ ] 蚤の市
  marché aux puces **m**
  マルシェ　オ　ピュス

〈衣類〉 種類

- □ ポロシャツ
  polo **m**
  ポロ

- □ ブルゾン
  blouson **m**
  ブルゾン

- □ カーディガン
  gilet **m**
  ジレ

- □ パンタクール
  pantacourt **m**
  パンタクール

- □ キュロットスカート
  jupe-culotte **f**
  ジュップ キュロットゥ

- □ スカート
  jupe **f**
  ジュップ

- □ レインコート
  imperméable **m**
  アンペルメアーブル

- □ パジャマ
  pyjama **m**
  ピジャマ

- □ ガウン
  peignoir **m**
  ペニョワール

- □ 水着
  maillot de bain **m**
  マイヨ ドゥ バン

〈衣類〉 色

- □ 金色
  doré(e)
  ドレ

- □ 銀色
  argenté(e)
  アルジャンテ

- □ 黄緑
  vert citron
  ヴェール スィトゥロン

- □ 赤紫
  pourpre
  プールプル

- □ ボルドー
  bordeaux
  ボルド

- □ こげ茶
  brun／brune
  ブラン　ブリューヌ

- □ モーブ
  mauve
  モーヴ

- □ 紺
  bleu foncé
  ブル　フォンセ

- □ 水色
  bleu ciel
  ブル　スィエル

- □ 黒
  noir(e)
  ノワール

買い物編

〈衣類〉 デザイン

- [ ] ストライプ
  à rayures
  ア　レイユール

- [ ] 水玉模様
  à pois
  ア　ポワ

- [ ] 花柄
  à fleurs
  ア　フルール

- [ ] チェック
  à carreaux
  ア　キャロ

- [ ] 無地
  uni(e)
  ユニ

- [ ] カラフルな
  coloré(e)
  コロレ

- [ ] セーラーカラー
  avec un col marin
  アヴェック アン コル　マラン

- [ ] 長袖
  à manches longues
  ア　マンシュ　　ロング

- [ ] 半袖
  à manches courtes
  ア　マンシュ　　クルトゥ

- [ ] ノースリーブ
  sans manches
  サン　マンシュ

〈衣類〉 サイズ・素材

- [ ] Sサイズ
  taille S f
  タイユ　エス

- [ ] Mサイズ
  taille M f
  タイユ　エム

- [ ] Lサイズ
  taille L f
  タイユ　エル

- [ ] より大きいサイズ
  taille au-dessus f
  タイユ　オ　ドゥスユ

- [ ] より小さいサイズ
  taille en dessous f
  タイユ　アン　ドゥス

- [ ] より細い
  plus serré
  プリュ　セレ

- [ ] よりゆったりした
  plus large
  プリュ　ラルジュ

- [ ] 綿
  coton m
  コトン

- [ ] 革
  cuir m
  キュイール

- [ ] ウール
  laine f
  レーヌ

〈雑貨〉

- □ バッグ
  sac **m**
  サック

- □ ポシェット
  pochette **f**
  ポシェットゥ

- □ スーツケース
  valise **f**
  ヴァリーズ

- □ 小銭入れ
  porte-monnaie **m**
  ポルトゥ　モネ

- □ 腕時計
  montre **f**
  モントゥル

- □ メガネ
  lunettes **f.pl.**
  リュネットゥ

- □ 靴下
  chaussettes **f.pl.**
  ショセットゥ

- □ ストッキング
  collant **m**
  コラン

- □ 下着
  sous-vêtement **m**
  ス　ヴェットゥマン

- □ スリッパ
  pantoufles **f.pl**
  パントゥッフル

- □ 切手
  timbre **m**
  タンブル

- □ コースター
  dessous de verre **m**
  ドゥッス　ドゥ　ヴェール

- □ ランチョンマット
  set de table **m**
  セットゥドゥ タブール

- □ ティーカップ
  tasse à thé **f**
  タッス　ア　テ

- □ コーヒーカップ
  tasse à café **f**
  タッス　ア　キャフェ

- □ ワイングラス
  verre à vin **m**
  ヴェール　ア　ヴァン

- □ ティーポット
  théière **f**
  テイエール

- □ 皿
  assiette **f**
  アスィエットゥ

- □ 壺・瓶
  pot **m**
  ポ

- □ キャンドル立て
  bougeoir **m**
  ブジョワール

観光編

〈観光名所〉

- [ ] 城
  château **m**
  シャト

- [ ] 教会
  église **f**
  エグリーズ

- [ ] 美術館・博物館
  musée **m**
  ミュゼ

- [ ] 広場
  place **f**
  プラス

- [ ] 公園
  jardin **m**
  ジャルダン

- [ ] 遊園地
  parc d'attractions **m**
  パルク　ダトゥラクスィヨン

- [ ] 動物園
  parc zoologique **m**
  パルク　ゾーロジック

- [ ] 植物園
  jardin botanique **m**
  ジャルダン　ボタニック

- [ ] テーマパーク
  parc à thèmes **m**
  パルク　ア　テーム

- [ ] パサージュ
  passage **m**
  パッサージュ

〈観光スポットで見かける単語〉

- [ ] 入口
  entrée **f**
  アントゥレ

- [ ] 出口
  sortie **f**
  ソルティ

- [ ] インフォーメーション
  accueil **m**
  アクイユ

- [ ] 手荷物預かり所
  consigne **f**
  コンスィーニュ

- [ ] 開館
  ouvert
  ウヴェール

- [ ] 閉館
  fermé
  フェルメ

- [ ] 撮影禁止
  photographie interdite
  フォトグラフィ　アンテルディットゥ

- [ ] フラッシュ禁止
  flash interdit
  フラッシュ　アンテルディ

- [ ] 故障中
  hors service
  オール　セルヴィス

- [ ] 危険
  danger
  ダンジェ

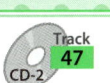

〈都市名〉

- □ パリ
  Paris
  パリ

- □ サン・マロ
  Saint-Malo
  サン　マロ

- □ オンフルール
  Honfleur
  オンフルール

- □ ボーヌ
  Beaune
  ボーヌ

- □ ナンシー
  Nancy
  ナンスィ

- □ アヴィニョン
  Avignon
  アヴィニョン

- □ アルル
  Arles
  アルル

- □ エクス・アン・プロヴァンス
  Aix-en-Provence
  エックスアン　プロヴァンス

- □ カルカッソンヌ
  Carcassonne
  キャルカッソンヌ

- □ トゥールーズ
  Toulouse
  トゥールーズ

〈パリの地区名〉

- □ モンマルトル
  Montmartre
  モンマルトゥル

- □ レ・アル
  Les Halles
  レ　アール

- □ バスチーユ
  Bastille
  バスティーユ

- □ マレ
  Marais
  マレ

- □ カルチェラタン
  Quartier latin
  キャルティエ　ラタン

- □ サン・ジェルマン・デ・プレ
  Saint-Germain-des-Prés
  サン　ジェルマン　デ　プレ

- □ オペラ
  Opéra
  オペラ

- □ モンパルナス
  Montparnasse
  モンパルナッス

- □ トロカデロ
  Trocadéro
  トゥロカデロ

- □ ラ・デファンス
  La Défense
  ラ　デファンス

観光編

〈パリの見所〉

- [ ] エッフェル塔
  la tour Eiffel
  ラ トゥール エッフェル

- [ ] アンヴァリッド
  les Invalides
  レ ザンヴァリッドゥ

- [ ] 凱旋門
  l'Arc de triomphe
  ラルク ドゥ トゥリオンフ

- [ ] コンコルド広場
  la place de la Concorde
  ラ プラス ドゥ ラ コンコルドゥ

- [ ] チュイルリー公園
  les Tuileries
  レ テュイルリ

- [ ] パレ・ガルニエ
  le palais Garnier
  ル パレ ギャルニエ

- [ ] ノートルダム大聖堂
  la cathédrale Notre-Dame de Paris
  ラ キャテドゥラル ノートゥル ダーム ドゥ パリ

- [ ] サント・シャペル
  la Sainte-Chapelle
  ラ サントゥ シャペル

- [ ] リュクサンブール公園
  le jardin du Luxembourg
  ル ジャルダン デュ リュクサンブール

- [ ] サン・シュルピス教会
  l'église Saint-Sulpice
  レグリーズ サン スュルピス

- [ ] パンテオン
  le Panthéon
  ル パンテオン

- [ ] サクレ・クール教会堂
  la basilique Sacré-Cœur
  ラ バズィリック サクレ クール

- [ ] ルーブル美術館
  le musée du Louvre
  ル ミュゼ デュ ルーヴル

- [ ] オルセー美術館
  le musée d'Orsay
  ル ミュゼ ドルセ

- [ ] ポンピドゥーセンター
  le centre Pompidou
  ル サントゥル ポンピドゥ

- [ ] オランジュリー美術館
  l'Orangerie
  ロランジュリ

- [ ] ピカソ美術館
  le musée Picasso
  ル ミュゼ ピカソ

- [ ] ロダン美術館
  le musée Rodin
  ル ミュゼ ロダン

- [ ] マルモッタン美術館
  le musée Marmottan
  ル ミュゼ マルモッタン

- [ ] 中世美術館
  le musée national du Moyen Âge
  ル ミュゼ ナスィヨナル デュ モワイエナージュ

〈パリ地下鉄の駅名〉

- [ ] シャルル・ド・ゴール・エトワール
  Charles de Gaulle-Étoile
  シャルル　ドゥ　ゴール　エトワル

- [ ] コンコルド
  Concorde
  コンコルドゥ

- [ ] チュイルリー
  Tuileries
  テュイルリ

- [ ] オペラ
  Opéra
  オペラ

- [ ] パレ・ロワイヤル（ルーブル美術館）
  Palais Royal-Musée du Louvre
  パレ　ロワイヤル　ミュゼ　デュ　ルーヴル

- [ ] ルーヴル・リヴォリ
  Louvre-Rivoli
  ルーヴル　リヴォリ

- [ ] ポン・ヌフ
  Pont Neuf
  ポン　ヌフ

- [ ] シャトレ
  Châtelet
  シャトゥレ

- [ ] シャトレ・レ・アル
  Châtelet-Les Halles
  シャトゥレ　レ　アール

- [ ] サン・ミッシェル
  Saint-Michel
  サン　ミッシェル

- [ ] オデオン
  Odéon
  オデオン

- [ ] レピュブリック
  République
  レピュブリック

- [ ] 東駅
  Gare de l'Est
  ギャール　ドゥ　レストゥ

- [ ] 北駅
  Gare du Nord
  ギャール　デュ　ノール

- [ ] リヨン駅
  Gare de Lyon
  ギャール　ドゥ　リヨン

- [ ] モンパルナス＝ビヤンヴニュ
  Montparnasse-Bienvenüe
  モンパルナッス　ビヤンヴニュ

- [ ] サン・ラザール
  Saint-Lazare
  サン　ラザール

- [ ] オーステルリッツ駅
  Gare d'Austerlitz
  ギャール　ドステルリッツ

- [ ] ナシオン
  Nation
  ナスィヨン

- [ ] ラ・モット・ピケ・グルネル
  La Motte-Picquet-Grenelle
  ラ　モットゥ　ピケ　グルネル

観光編

〈街角の単語〉

- ☐ 電車の駅
  gare f
  ギャール

- ☐ 地下鉄の駅
  station de métro f
  スタスィヨン ドゥ メトゥロ

- ☐ バス停
  arrêt de bus m
  アレ ドゥ ビュス

- ☐ タクシー乗り場
  station de taxi f
  スタスィヨン ドゥ タクスィ

- ☐ 路面電車
  tramway m
  トゥラムウェー

- ☐ 車
  voiture f
  ヴォワテュール

- ☐ 自転車
  vélo m
  ヴェロ

- ☐ 通り
  rue f
  リュ

- ☐ 大通り
  boulevard m
  ブルヴァール

- ☐ （並木のある）大通り
  avenue f
  アヴニュ

- ☐ 横断歩道
  passage clouté m
  パッサージュ　クルテ

- ☐ 信号
  feu m
  フ

- ☐ 市役所
  mairie f
  メリ

- ☐ 病院
  hôpital m
  オピタル

- ☐ 広場
  place f
  プラス

- ☐ 公園
  parc m
  パルク

- ☐ 噴水
  jet d'eau m
  ジェ　ド

- ☐ 教会
  église f
  エグリーズ

- ☐ 橋
  pont m
  ポン

- ☐ 船
  bateau m
  バト

〈建築様式〉

- [ ] ロマネスク様式
  style roman Ⓜ
  スティール　ロマン

- [ ] ゴシック様式
  style gothique Ⓜ
  スティール　ゴティック

- [ ] ルネッサンス様式
  style Renaissance Ⓜ
  スティール　ルネッサンス

- [ ] バロック様式
  style baroque Ⓜ
  スティール　バロック

- [ ] オスマン様式
  style Haussmann Ⓜ
  スティール　オスマン

- [ ] アール・ヌーヴォー
  Art nouveau Ⓜ
  アール　ヌーヴォ

- [ ] アール・デコ建築
  Art déco Ⓜ
  アール　デコ

- [ ] ボザール様式
  style Beaux-Arts Ⓜ
  スティール　ボ　ザール

- [ ] モダニスム建築
  modernisme Ⓜ
  モデルニスム

- [ ] ポストモダン建築
  style post-moderne Ⓜ
  スティール ポストゥ　モデルヌ

〈映画のジャンル〉

Track CD-2 51

- [ ] コメディー
  film comique Ⓜ
  フィルム　コミック

- [ ] アドベンチャー
  film d'aventure Ⓜ
  フィルム　ダヴァンテュール

- [ ] アクション
  film d'action Ⓜ
  フィルム　ダクシィヨン

- [ ] ミステリー
  film policier Ⓜ
  フィルム　ポリスィエ

- [ ] ラブストーリー
  film d'amour Ⓜ
  フィルム　ダムール

- [ ] 歴史
  film à caractère historique Ⓜ
  フィルム ア　キャラクテール　イストリック

- [ ] ミュージカル
  film musical Ⓜ
  フィルム　ミュズィカル

- [ ] SF
  film de science-fiction Ⓜ
  フィルム ドゥ　スィアンス　フィクスィヨン

- [ ] ドキュメンタリー
  film documentaire Ⓜ
  フィルム　ドキュマンテール

- [ ] アニメ
  film d'animation Ⓜ
  フィルム　ダニマスィヨン

トラブル編

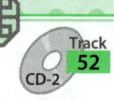

〈緊急事態〉

- [ ] 警察署
  commissariat m
  コミッサリヤ

- [ ] 盗難
  vol m
  ヴォル

- [ ] 紛失
  perte f
  ペルトゥ

- [ ] スリ
  pickpocket m
  ピックポケットゥ

- [ ] 詐欺
  escroquerie f
  エスクロックリ

- [ ] 交通ストライキ
  grève de transport f
  グレーヴ ドゥ トゥランスポル

- [ ] 遅れている
  être en retard
  エートゥル アン ルタール

- [ ] 交通事故
  accident de la circulation m
  アクスィダン ドゥ ラ スィルキュラスィヨン

- [ ] 転ぶ
  tomber
  トンベ

- [ ] 怪我をする
  se blesser
  ス ブレッセ

- [ ] 火事
  incendie m
  アンサンディ

- [ ] 消防隊
  pompiers m.pl.
  ポンピエ

- [ ] 救急車
  ambulance f
  アンビュランス

- [ ] 救急処置サービス
  S.A.M.U. (Service d'Aide Médicale Urgente) m
  サミュ(セルヴィスデードゥメディカルユルジャントゥ)

- [ ] 盗難保険
  assurance contre le vol f
  アスュランス コントゥル ル ヴォル

- [ ] 傷害保険
  assurance contre les accidents f
  アスュランス コントゥル レ ザクスィダン

- [ ] 保険会社
  compagnie d'assurance f
  コンパニ ダスュランス

- [ ] クレジットカードを無効にする
  faire opposition
  フェール オポズィスィヨン

- [ ] 日本大使館
  ambassade du Japon f
  アンバサッドゥ デュ ジャポン

- [ ] 旅行代理店
  agence de voyage f
  アジャンス ドゥ ヴォワイヤージュ

〈病気や怪我をした時〉

- [ ] 医者
  médecin m
  メドゥサン

- [ ] 歯医者
  dentiste m / f
  ダンティストゥ

- [ ] 看護師
  infirmier m / **infirmière** f
  アンフィルミエ　　アンフィルミエール

- [ ] 入院
  hospitalisation f
  オスピタリザスィヨン

- [ ] 内科
  médecine interne f
  メドゥスィヌ　　アンテルヌ

- [ ] 外科
  chirurgie f
  シリュルジ

- [ ] 歯科
  odontologie f
  オドントロジ

- [ ] 眼科
  ophtalmologie f
  オフタルモロジ

- [ ] 小児科
  pédiatrie f
  ペディアトゥリ

- [ ] 婦人科
  gynécologie f
  ジネコロジ

- [ ] 血液型
  groupe sanguin m
  グルップ　　サンガン

- [ ] 高血圧
  hypertension f
  イーペルタンスィヨン

- [ ] 低血圧
  hypotension f
  イポタンスィヨン

- [ ] めまいがする
  avoir un vertige
  アヴォワール　アン　ヴェルティージュ

- [ ] 吐き気がする
  avoir mal au cœur
  アヴォワール　マル　オ　　クール

- [ ] 寒気がする
  avoir des frissons
  アヴォワール　デ　　フリッソン

- [ ] 食欲がない
  ne pas avoir d'appétit
  ヌ　　パ　アヴォワール　ダペティ

- [ ] 頭が痛い
  avoir mal à la tête
  アヴォワール　マル　ア　ラ　テットゥ

- [ ] 喉が痛い
  avoir mal à la gorge
  アヴォワール　マル　ア　ラ　ゴルジュ

- [ ] お腹が痛い
  avoir mal au ventre
  アヴォワール　マル　オ　ヴァントゥル

トラブル編

- [ ] 背中が痛い
  avoir mal au dos
  アヴォワール マル オ ド

- [ ] 歯が痛い
  avoir mal aux dents
  アヴォワール マル オ ダン

- [ ] 熱がある
  avoir de la fièvre
  アヴォワール ドゥラ フィエーヴル

- [ ] 咳が出る
  tousser
  トゥッセ

- [ ] 鼻水が出る
  avoir le nez qui coule
  アヴォワール ル ネ キ クール

- [ ] 下痢をしている
  avoir la diarrhée
  アヴォワール ラ ディアレ

- [ ] 風邪
  rhume **m**
  リューム

- [ ] インフルエンザ
  grippe **f**
  グリップ

- [ ] 食中毒
  intoxication alimentaire **f**
  アントクスィカスィヨン アリマンテール

- [ ] 炎症
  inflammation **f**
  アンフラマスィヨン

- [ ] 発作
  crise **f**
  クリーズ

- [ ] 喘息
  asthme **m**
  アスム

- [ ] 捻挫
  entorse **f**
  アントルス

- [ ] 骨折
  fracture **f**
  フラクテュール

- [ ] 胃腸炎
  gastrite **f**
  ギャストゥリットゥ

- [ ] 糖尿病
  diabète **m**
  ディアベットゥ

- [ ] 外傷
  blessure **f**
  ブレッスュール

- [ ] 目薬
  gouttes **f.pl.**
  グットゥ

- [ ] 抗生物質
  antibiotique **m**
  アンティビオティック

- [ ] 処方箋
  ordonnance **f**
  オルドナンス

さくいん

【あ】

アーティチョーク ... 152
アール・デコ建築 ... 167
アール・ヌーヴォー ... 125/167
アイスクリーム ... 67/69/77
アイスコーヒー ... 68
空いている部屋 ... 62
アイロン ... 57/60
アヴィニョン ... 163
青 ... 42/88
赤い ... 42
赤ワイン ... 159
秋 ... 36/74/108
アクション ... 26
アクセサリー ... 167
アクセサリー ... 83
麻 ... 87
揚げた ... 154
朝（午前） ... 26
脚（足） ... 144
味が濃い ... 78
明日 ... 32
預けておいた荷物 ... 62
アスパラガス ... 157
頭 ... 144
熱い ... 78
暑すぎ ... 74
アップルパイ ... 101
アドベンチャー ... 167
アニメスペース ... 98
アニメ ... 167
脂っこい ... 78/154
甘い（辛口） ... 75/78/108/154
ありがとう ... 18/48
アルザス ... 66/108
アルル ... 163
アンヴァリッド ... 46/121/164
合 ... 103/157
アンチョビ ... 105
案内 ... 45/124/129
いいえ（結構です） ... 19
いいですよ ... 19
イヴ・サンローラン ... 98
いくつ、どれだけ ... 23
いくら ... 19/48
医者 ... 40/133/169
椅子 ... 60
痛い（痛み） ... 132/142
板チョコレート ... 110
炒めた ... 154
イタリア料理 ... 66
イチゴ（ジャム） ... 103/105/157
イチジク ... 157
市場 ... 82/158
胃腸炎 ... 170
いつ ... 23
田舎風パテ ... 75
今 ... 32
イヤホン ... 34
イヤリング ... 93
入口 ... 56
イル・フロタント ... 77
印象派展 ... 125
インターネット ... 54/57/64
インテリア用品 ... 83
インフォメーション ... 162
インフルエンザ ... 170
ヴァニラアイスクリーム ... 152
ヴィールのアンドゥイユ ... 152
ウィスキー ... 43/74
ヴィデオ ... 126
ウール ... 87/160
上 ... 28
ウェイター（ウェイトレス） ... 79
ヴェルサイユ観光ツアー ... 117
ウサギ ... 152/156
後ろ ... 28
腕 ... 144
腕時計 ... 135/163
ウブ・ア・ラ・ネージュ ... 153
海が見える部屋 ... 50
エア ... 60/63/149
映画（館） ... 114/115
英語のメニュー ... 71
駅 ... 166
エキストラベッド ... 51

エクス・アン・プロヴァンス ... 163
エクレア ... 101
エスカルゴ ... 107/152
エスカレーター ... 148
エステ ... 52
エスドドリーユ ... 90
エスプレッソ ... 68
エッフェル塔 ... 112/116/164
エトワール行きのバス ... 46
エプロン ... 92
エメンタール ... 109
エルメス ... 98
エレベーター ... 56/148
宴会場 ... 56
炎症 ... 170
鉛筆 ... 95
往復 ... 119
おいしい ... 67/78/80
横断歩道 ... 166
大きい ... 42
オーケストラボックス ... 129
オーステルリッツ駅 ... 165
大通り ... 166
オードトワレ ... 94
オードブル ... 72
オーブンで焼いた ... 154
オーベルニュ風煮込み ... 154
奥の席 ... 70
遅い（遅れている） ... 27/147/168
おしゃれな ... 67
オススメ ... 167
お釣り ... 100
オデオン ... 120/165
大人 ... 119/123
オニオングラタンスープ ... 150
お願いします ... 18
オペラ ... 112/122/163/165
オムレツ ... 59/69
オランジェット ... 110
オランジュリー美術館 ... 164
オリーブオイル ... 105/155
オルセー美術館 ... 112/121/164
オルリー空港 ... 46/122
オレンジ（ジュース） ... 36/59/88/102/157
オンフルール ... 163
お勘定 ... 80
お鍋めの ... 66/75
お金（現金） ... 44/54/135
お手洗い ... 34/56
お土産屋 ... 114
お湯 ... 64
お腹が痛い ... 141/169

【か】

カーディガン ... 159
カーテン ... 60
カート ... 41/45
開館 ... 162
会議室 ... 52/56
会社員 ... 40
外傷 ... 170
回数券 ... 119
凱旋門 ... 112/116/164
階段 ... 148
ガイド ... 116/124/133/136
ガウン ... 159
香りを付けた ... 154
鏡 ... 61/85
牡蠣 ... 150/156
鍵 ... 55/63/64/135/149
学生 ... 40/123
傘 ... 93
火事 ... 132/168
カシミア ... 87
風邪 ... 142/170
肩 ... 144
家族 ... 133/136
かたい ... 78
片道 ... 119
カップ ... 61
ガトーショコラ ... 69
ガナッシュ ... 110
鞄屋 ... 158
カスボタン ... 93
カボチャ ... 75
カマンベール ... 77/109
カミソリ ... 61

髪の毛用装身具 ... 93
紙袋に入れて ... 97
鴨 ... 76/152/156
辛い（辛口） ... 75/108/154
カラフル ... 160
カルカッソンヌ ... 163
カルチェラタン ... 163
カルティエ ... 98
カルバドス ... 74
軽めのワイン ... 108
ガレット ... 155
カレンダー ... 92
革 ... 42/87/160
玩具屋 ... 169
眼科 ... 169
観光 ... 39/114
看護婦 ... 169
カンタル ... 109/153
カンヌ ... 113
観覧車 ... 159
キーホルダー ... 92
キール ... 74
黄色 ... 88
キオスク ... 158
気温 ... 146
気球 ... 115
危険 ... 169
汽笛 ... 162
北駅 ... 165
黄疸 ... 50/70/148
キッシュロレーヌ ... 75/150
切手 ... 161
切符 ... 119
昨日 ... 32/140
キノコ ... 102/107/151
ギフト用に包んで ... 97
気分が悪い ... 141
黄緑 ... 159
客室係 ... 53
キャッシャー ... 53
キャベツ ... 151/157
ギャラリー席 ... 129
キャンセル ... 54/148
キャンドルたて ... 161
救急 ... 133/168
牛肉 ... 14/35/156
キュフォレ ... 76/151
救急隊員 ... 38
キュウリ ... 102/157
牛ロース ... 151
キュロットスカート ... 159
今日 ... 32
教会 ... 162/166
教師 ... 40
郷土料理 ... 147
居住国 ... 147
去年 ... 32
ギリシア風サンドウィッチ ... 155
気をつけて ... 132
金色 ... 159
銀色 ... 159
禁煙 ... 50/70/148
銀行 ... 12/44
空港 ... 121/67
空腹時の ... 143
クーロミエ ... 153
くし ... 61
クスクス ... 107
薬 ... 43/140/141/143
口 ... 144
口紅 ... 94
靴 ... 161
靴下 ... 158
航屋 ... 158
クネル ソースナンチュア ... 152
首 ... 144
グラス ... 79
クラフティ ... 153
クリームチーズのスフレ ... 150
グリーンサラダ ... 69
グリーンピース ... 102
クリスチャン・ディオール ... 98
グリュイエール ... 109
グリルにした ... 154
クルーズ ... 117
車 ... 139/166
くるみパン ... 101
グレイ ... 88
クレープ ... 67/155

171

見出し	ページ
クレームブリュレ	77
クレジットカード	54/100/135/138/168
黒	42/58/159
クローゼット	60
クロタン・ド・シャヴィニョル	153
クロックマダム	69
クロックムッシュ	69
クロワッサン	13/59/69/101
燻製にした	154
警察	12/122/133/136/138/168
計算ミス	80
携帯電話	92/135
ケーキ屋	158
ケーブルカー	116
怪我	139/168
外科	169
劇場	114/129
今朝	140
消しゴム	95
化粧	43/83/158
血液型	169
解熱剤	142
ケバブ	155
ゲランドの塩	105
下痢	170
ゲラン	98
原語版	130
現代建築展	125
現地時間	146
コア・ド・トロー風味のスフレ	153
公園	114/162/166
航空券	135/147
高血圧	169
子牛	76/151/156
香水	94
合成繊維	87
抗生物質	170
紅茶	36/59/68
交通	36/59/68
小エビ	156
コースター	161
コースメニュー（料理）	71/72
コート	84
コーヒー	36/52/59/68/153/149/161
コーラ	36/68
国籍	147
こげ茶	159
午後	26
ゴシック様式	167
胡椒	154/155
故障中	162
小銭	44/100/161
骨折	170
子	32
子供	35/83/119/123
コニャック	74
この辺り	114
仔牛	76/151/156
小麦粉	106
コメディー	167
ごめんなさい	100/132
転ぶ	139/168
紺	159
今月	32
コンコルド	40/164/166
コンサート	115
今週	32
コンセント	60
コンテ	77/109
こんにちは	18
今晩	73
こんばんは	18
コンピューター技師	40

【さ】

見出し	ページ
サーモン	75/107/150
最上階	149
再入場	126
財布	91/135
サインペン	95
サウナ	52/56/149
魚	8/35/72/107/150
詐欺	168
先程	54/140
サクランボ	103/157
サクレ・クール教会堂	164
サケ	151/156
残敷高	129
座席	16/37/146
撮影禁止	162
サッカー	166
砂糖	105/155
寒気	169
寒すぎ	64
冷めている	78
さやえんどう	102
さようなら	18
皿	79/161
サラダ菜	102
サン・ネクテール	109/153
サン・ジェルマン・デ・プレ	163
サン・シュルピス教会	121/164
サン・マロ	163
サン・ミッシェル	165
サン・ラザール	165
サングラス	91
サンダル	90
サント・シャペル	164
サンドイッチ屋	167
サンマルタン運河巡り	117
シーツ	58/60/148
シートベルト	38
シードル	74
ジーンズ	84
シェフ	79
塩	105/155
塩からい	78/154
塩キャラメル	106
栞	92
歯科	169
仕事	39
時差	146
静かな席	70
舌	144
下着	161
舌平目	76/151/156
七分袖	86
試着室	23/85
指定席	128
自転車	166
市内観光バス	115
シニア	123
芝居	115
ジバンシィ	98
ジム	56
シャーベット	77
ジャガイモ	107/157
市役所	166
ジャケット	84
写真	11/15/126/127
シャトルバス乗り場	46
シャトー	165
シャトレ・レ・アル	165
シャネル	98
シャトルトル	113
シャルル・ド・ゴール・エトワール	120/165
シャワー	50/61/148
シャンパン	36/74
シャンピオンのヴルテ	36/74
シャンボール城	58/61/96
ジャンポールゴルチエ	98
シュークルート	152
シューケット	101
集合	118
自由時間	118
渋滞	48
手術	140
出国審査	147
出発	38
上映時間	130
傷害保険	168
常設展	123/125
商店街	82
消毒液	170
小児科	169
消防隊	168
照明器具	128
正面席	128
しょうゆ	155
ショーケース（ウィンドウ）	85/89
食後	74/143
食前	74/143
食中毒	170
植物園	162
食欲	169
食料品店	158
除光液	94
女性（男性）の店員	85
食器	80
ショッピングモール	82
処方箋	170
書類鞄	135
ショルダーバッグ	90
シリアル	59
シルバー	59
城	162
白	88
白ワイン	36/74/108/151
地ワイン	108
シングルルーム	50/148
信号	166
紳士服（靴）	83
親戚の家	
診断書	141
酢	155
数日前	140
スーツ	84
スーツケース	6/42/45/90/161
スーパーマーケット	62/82/158
スカート	84/159
スカーフ	93
スズキ	76/151/152/156
頭痛	142
ズッキーニ	102/157
酸っぱい	154
ストッキング	161
ストライプ	160
ストラスブール	113
スニーカー	90
スパ	52/56
スパイシー	78/154
スパゲティ	105
ステーキ	79
スフレかに風味	75
スペイン料理	66
スポーツウェア	83
すみません	18/37
スモークサーモン	107/150
スリ	134/168
スリッパ	
税関	34/45/147
姓名	147
セーター	84
セーヌ河岸巡り	117
セーフティーボックス	60/63/149
セーラーカラー	160
セール	85
世界遺産	117
咳	170
石けん	58/61/96
背中	144/170
背もたれ	38
セリーヌ	98
セロテープ	95
専業主婦	40
前菜	72
先週	32/140
先生	170
洗面台	61
惣菜屋	158
ソーセージ	103/156
外	28
ソニア・リキエル	98
ソファ	60

【た】

見出し	ページ
タートルネック	86
ターンテーブル	41/45/147
タイ	76/151/156
体温計	
大学の寮	40
大丈夫	19
タオル	9/58/61/96
タクシー	11/12/46/55/114/166
助けて	19
棚	85
タバコ	12/43/169
ダブルルーム	50/148
タブレ	107
卵	106

タマネギ……157
タラ……76/151/156
タルト・タタン……69
だれ（誰か）……23/130/133
タンクトップ……84
小さい……13/42/89/160
チーズ……69/72
チーズの盛り合わせ……77/82/158
チェック（碁盤縞）……160
チェックアウト……8/54/148
チェックイン……45/54/147/148
地下鉄の駅……12/166
地図……13/55
茶……88
着陸……146
チュイルリー……164/165
中（中くらい）……28/42
中華料理……66
昼食……149
中世美術館……164
朝食……51/149
チョコレート……110/158
ちょっと待って……18
ツインルーム……50
ツールドフランス……116
通路（側）……38/128/129/146
壺・瓶……161
詰め物をした……154
手……144
ティーポット……161
低血圧……169
定刻……146
ディズニーランド……112
ティッシュ……96
定年退職者……40
テーブル……10/38/60/92
テーブルワイン……108
テーマパーク……162
出口……162
デザート……71/72
手帳……92
テニス……116
手荷物預かり所……124/162
デパート……82/158
手袋……91
テラス席……70
テレビ……60/63/149
電球……60/64
電池……96
点滴……140
電話……10/15/54/63/137
ドアノー展……125
ドアマン……53
ドアロック……63
トイレットペーパー……58
どういたしまして……19
トゥールーズ……152/163
当日券……128
搭乗……147
到着……146
盗難……138/168
糖尿病……170
動物園……162
トートバッグ……92
通り……166
ドキュメンタリー……167
読書灯……37/38
特別食……35
特別展……123/125
どこ……16/23/34/41/44/46/56/82/83/118/120/121/130/137/138
どのくらい……73/124
どのように……23/104
ドフィネ地方のグラタン……152
トマト（トマトジュース）……36/102/150/151/157
トム・ド・シェーヴル……153
ドライソーセージ……103
ドライヤー……57
ドラクロワ素描展……125
トランク……47
鶏肉……35/156
トリプルルーム……50/148
トリュフ……110
ドリンクメニュー……71
トレーニングジム……52/149
トロカデロ……163
泥棒……132
緞帳……129

【な】

内科……169
ナイフ……79
長袖……86/160
中庭……148
梨……102
ナシオン……165
茄子……151/157
なぜ……23
夏……26
何……14/18/23/80/104
ナプキン……79/96
生ハム……103
生ビール……68
生野菜の盛り合わせ……75
ナンシー……163
ニース……113/152
苦い……154
肉料理……72
二等席……119
日本円……44
日本語がわかる人……62/133/137/141
日本語のメニュー（音声／パンフ）……71/124
日本の～……43
日本大使館……136/137/168
日本に電話……54
日本の雑誌／新聞……34/146
日本料理……66
荷物……15/38/41/47/54/55/62/126/147
入院……140/169
乳液……94
入国審査……45/147
入場料……118/130
庭が見える部屋……50
鶏……76/150/151
ニンジン……157
妊娠中……141
ニンニク……152
布製……42
ネクタイ……91/93
ネクタリン……103
熱がある……141/170
値引き……100
値札をとって……97
寝る前に……143
捻挫……170
ノースリーブ……86/160
ノート……95
ノートルダム大聖堂……112/164
喉……144/169
蚤の市……158
飲み物……72/73
乗り継ぎ……45/147

【は】

歯……144
バー……52/56/149
ハードケースの……42
ハーブオムレツ……150
ハーブティー……68/106
歯医者……169
ハイネック……86
ハイヒール……90
パウダー……94
歯が痛い……170
吐き気……169
バゲット……8/101
箱に入れて……97
パサージュ……162
はさみ……95
橋……166
パジャマ……159
バスク料理……66
パスタ……35
バスタブ……61
パスチーユ……163
パスポート……45/135/147
バスルーム……148
バス乗り場（バス停）……12/46/121/166
バス付きの部屋……50
パソコン……135
バター……106/155
バタートースト……69
蜂蜜……105
バッグ……83/135/138/161
パテ・ド・カンパーニュ……107
バトームーシュ……115
鼻……144
花柄……160
バナナ……103
鼻水……170
花屋……158
パニーニ……155
歯ブラシ……61/96
歯磨き粉……96
ハム……69/156
早い……27
腹……144
パリ……23/163
春……26
バルサミコ酢……155
パレ・ガルニエ……164
パレ・ロワイヤル（ルーブル美術館）……165
バレエ……115
パレード……116
バロック様式……167
パン……35/80
パン・オ・ショコラ……69/101
パン・オ・レザン……101
ハンガー……85
ハンカチ……91
半袖……86/160
パンツ……84
パンテオン……164
ハンドバッグ……90
ハンバーガー……155
パン屋……158
ヒーター……60
ピーマン……157
ビール……36
ピエール・カルダン……98
東駅……165
ピカソ……125/164
飛行時間……146
ピザ……155
美術館・博物館……114/117/162
非常口……34/146
左……28
羊……152
ビニール袋……96
日焼け止めクリーム……94
病院……122/136/139/166
美容室……56
ひらめ……151
昼……26
広場……162/166
ピンク……88
便箋……58/95
便名……147
ファーストフード……67
ファックス……54
ファンデーション……94
ブイヤベース……152
ブーツ……90
封筒……58/95
プール……52/56/149
フォーク……79
フォンダン・オ・ショコラ……153
副作用……143
服飾雑貨……83
婦人科……169
婦人靴……83
舞台……129
二ツ星レストラン……66
豚肉……35/156
ブダン・ノワール……150
フットレスト……38
ブッフブルギニョン……152
プティフール……107
ブドウ……103/157
船……166
冬……26
フライドポテト（チキン）……76/155
ブラインド……38
ブラウス……84
プラグの変換アダプター……57
フラッシュ……126/162
プラリネ……110
フラン……101/150
ブランド店……82
フランボワーズ……13/157

語	ページ
ブランマンジェ	153
プリ	77
プリ・ドゥ・モー	109
ブリオッシュ	101
ブルー・ドゥヴェルニュ	109/153
フルーツサラダ	77
フルーティー	108
ブルーベリー	157
ブルゴーニュワイン	75/108
ブルゾン	159
ブレスレット	93
フレッシュオレンジジュース	93
プロヴァンスのハーブ	105
ブローチ	93
フロント	53/54/62
文具店	158
紛失	41/42/135/138/168
噴水	166
ヘアドライヤー	61
閉館	162
ベーコンとクルミ入りサラダ	150
ベージュ	88
ベジタリアン	66
ベッド	51/60/148
別々に	80/97
ベトナム料理	66
部屋	9/11/50/54/55/62/64/148
ベルト	91
ベルボーイ	53
ペンダント	93
帽子	158
宝飾店	158
ポーチドエッグ	59
ポーヌ	163
ボールペン (大カップ)	92
ボールペン	95
保険	139/168
ボヘール様式	167
ポシェット	161
保湿クリーム	94
ポストカード	95
ポストモダン建築	167
ホタテ	75/150/151/156
ボックス席	129
発作	170
ホットココア	68
ボディーソープ	61
ホテル	17/53/60/118/122/136/148
ポトフ	152
ボルドー	75/108/113/117/152/159
ポロシャツ	159
ホロホロ鳥	151
ボン・ルヴェック	153
ポン・ヌフ	165
本日の料理	72
ボンデザール	115
ポント	44
ポンピドゥー芸術文化センター	112/164
ボンボン・ド・ショコラ	110
本物の毛皮	87
本屋	158

【ま】

語	ページ
マイヨール展	115
マウスパッド	92
前	28
マカロン	101
マグカップ	92
枕	34/37/60/149
マグロ	156
麻酔	140
マスタード	105/155
マス	76/150
町が見える部屋	50
マッサージルーム	52
窓側	38/146
マニキュア	94
マフィン	155
マフラー	91
マヨネーズ	155
マリネ	107/150/154
丸鶏	86
マルシェ	102/104
マルセイユ	113
マルモッタン美術館	164
マレ	163
マロニエホテル	40
マンステール	153
万年筆	95
右	28
ミステリー	167
水色	88
水着	159
水玉模様	160
三つ星	66
緑	88
ミニバー	60/63/149
ミニ列車	116
ミネラルウォーター	36/74
耳	144
土産物屋	158
ミュージカル	115/167
ミュール	90
ミルク	59/110
ムーランルージュ	115
ムール貝	150/156
無地	154
蒸した	40
無職	159
無線LAN	57
紫	88
目	144
メイク落とし	94
名刺	55
メインディッシュ	72
メガネ	161
眼科	170
目覚まし時計	60/63
目玉焼き	59
メニュー	9/71/72/79
めまい	169
メモ帳	95
メロン	102
免税店	82
毛布	34/37/58/60/146/149
もう一度言って	18
もう一つ	36
もう少し少なめに（多めに）	104
モーブ	159
目的地	146
モダニズム建築	167
持ち込み禁止品	147
桃	102/153
縞模様のり	122
モン・ドール	153
モンサンミッシェル	113
モンパルナス	46/112/163/165
モンマルトル	112/120/163

【や】

語	ページ
ヤギ	77/109/152
野菜	72/75/150/152/157
薬局	82
遊覧船	162
夕方・晩	26
夕食	149
友人	39/40/43
有料チャンネル	60
ユーロ	10/44
床	61
ゆで卵	59
指	144
指輪	93
湯沸かしポット	57
酔い止め（乗り物）	142
洋梨のタルト	77
羊肉	156
ヨーグルト	59/106
浴室	61
予定	54
予約	54/62/73/148
より小さい（大きい）サイズ	89/160
夜	26

【ら】

語	ページ
ラ・デファンス	163
ラ・ピケ・グルネル	165
来週	32
ライスサラダ	107
来年	32
ラブストーリー	167
ランス	113
ランチョンマット	161
ランパン	98
乱暴	134
リエット	105
リブロース	152
リボン	97
留学	39
リュクサンブール公園	112/164
リュック	90
両替所	44/45
料金	118/148
領収書	9/44/55/100
緑茶	36
旅行代理店	136/168
リヨン	46/113/122/165
離陸	146
リンゴ	68/102/153/157
リンス	58/61/96
ルイ・ヴィトン	98
ルーアン	113
ルーヴル・リヴォリ	165
ルーヴル美術館	112/164
ルネッサンス様式	167
ルノワール展	115
ルブロション	109/153
レ・アル	163
レインコート	159
歴史	167
歴史的建造物	114
レジ	85
レストラン	52/56/66/67/70/73/79
レセプショニスト	53
レピュブリック	165
レモネード	68
レモンティー	68
レンズ豆	105/150
レンタカー	151
ローストした	154
ロービール	90
ロゼワイン	74/108
ロダン美術館	164
ロックフォール	77/109
ロビー	53/148
ロマネスク様式	167
路面電車	166
ロワール地方	108/117
ロンシャン	98

【わ】

語	ページ
ワイシャツ	84
ワイン	9/36/37/43/67/71/ 75/82/108/161
ワインカーブ巡り	117
若鶏	76/151/152
わかりません	18/137
和食	35
綿	87/160
割引	130
ワンピース	84

【数字・英語】

語	ページ
〜時	24
1週間	39
10日間	39
10ユーロ札	44
1キロ	104
1着	149
1階後部席	129
1階前部席	129
1個いくら	104
一人あたり	51
一等席	119
一泊あたり	51
一番安い	50/128
RER	46/160
SF	167
Sサイズ	9/14/89/160
Lサイズ	89/160
Mサイズ	89/160
Tシャツ	84
Vネック	86

アテネ・フランセ (Athénée Français)

1913年に高等仏語の名で開講されたアテネ・フランセは、現存する日本最古のフランス語学校として、多くの文化人や知識人、語学のエキスパート達を輩出してきました。

現在では200余りのフランス語クラスが開講されており、日常会話、仏検対策、通訳・翻訳、文学など多彩なクラス構成で、フランス語とフランス文化を学ぶ方々のあらゆるニーズにお応えします。全くの初学者から上級者まで、目的とレベルにあった講座を用意しています。中学校卒業以上の方でしたら入学条件はございません。フランス語を学ぶ皆様をお待ちしています。

〒101-0062
東京都千代田区神田駿河台2-11
TEL　03-3291-3391
FAX　03-3291-3392（24時間対応・音声ガイド付）
受付業務　9:30〜19:30（土〜19:00、除日曜・祝日）
ホームページ　https://www.athenee.jp

● 著者紹介

アテネ・フランセ Athénée Français
1913年創立。フランス語を中心として英語・古典ギリシャ語・ラテン語で、常時200余りの講座を設けている語学学校の老舗。谷崎潤一郎、坂口安吾、きだみのる等多くの文化人を輩出する。

鈴木文恵 Suzuki Fumie
アテネ・フランセにて、フランス語を学び、ディプロム（卒業資格）、ブルヴェ（教授資格）を取得。1993年に、ヴィシーのカヴィラム夏季教授法セミナーに参加する。現在、アテネ・フランセ講師。入門科および単科の初級文法と会話クラスを担当。著書に『すぐに使えるフランス語会話ミニフレーズ2300』『ゼロからスタート フランス語 会話編』（Jリサーチ出版）がある。

宇藤亜季子 Uto Akiko
幼少よりフランスで育ち、第一言語をフランス語とする。2011年に博士号（パリソルボンヌ大学、古典ギリシャ語専攻）取得後、日本に帰国しアテネ・フランセで教える。

カバーデザイン	滝デザイン事務所
カバーイラスト	福田哲史
本文デザイン／DTP	シナノ出版印刷株式会社
本文イラスト	田中斉／fotolia.com
音声録音・編集	財団法人 英語教育協議会（ELEC）
CD制作	高速録音株式会社

単語でカンタン！ 旅行フランス語会話

平成25年（2013年）7月10日　初版第1刷発行
令和5年（2023年）11月10日　　　第5刷発行

著　者　鈴木文恵／宇藤亜季子
監　修　アテネ・フランセ
発行人　福田富与
発行所　有限会社　Jリサーチ出版
　　　　〒166-0002　東京都杉並区高円寺北2-29-14-705
　　　　電　話 03(6808)8801(代)　FAX 03(5364)5310
　　　　編集部 03(6808)8806
　　　　https://www.jresearch.co.jp
印刷所　株式会社 シナノ パブリッシング プレス

ISBN978-4-86392-142-9　禁無断転載。なお、乱丁・落丁はお取り替えいたします。
© 2013 Fumie Suzuki, Akiko Uto, All rights reserved.